Roswitha Gruber

Die Kinder der Dienstmagd

Die Geschichte einer fast unmöglichen Liebe

BRUNNEN
Verlag GmbH · Giessen

MIX
Papier | Fördert
gute Waldnutzung
FSC® C083411

Umschlagfotos: © Scherl/Süddeutsche Zeitung Photo;
Adobe Stock
Umschlaggestaltung: Jonathan Maul
Satz: Brunnen Verlag GmbH
Druck: CPI books GmbH, Leck
ISBN 978-3-7655-4392-0

www.brunnen-verlag.de

Inhalt

Die Vorgeschichte

Vor einigen Jahren bekam ich einen Anruf von einer Frau aus meinem Wohnort. »Ich habe gerade dein Buch gelesen ›Großmütter erzählen‹. Die Geschichten dieser Frauen haben mich stark beeindruckt. Du, ich hätte auch eine interessante Geschichte für dich, die Geschichte meiner Großmutter. Sie ist ihr Leben lang Dienstmagd gewesen und hat sechs uneheliche Kinder gehabt.«

Das interessierte mich brennend. Deshalb saß ich schon am nächsten Tag bei Hanni in der Stube. Bei ihrer Geburt im Jahre 1924 hieß sie mit Nachnamen Lichtmannegger nach ihrer Mutter. Ein Jahr später heirateten ihre Eltern, und sie bekam den Namen ihres Vaters, Weiß. Diesen trug sie bis zu ihrer Heirat im Jahre 1948. Seitdem heißt sie offiziell Mühlberger. Aber in ganz Reit im Winkl kennt man sie eigentlich nur unter dem Namen Aubauer-Hanni. Aubauer ist nämlich der Name des Hofes, in den ihre Mutter im Jahre 1925 eingeheiratet hat.

Hanni kann wunderbar erzählen. Wie gebannt lauschte ich ihr, während mein Tonbandgerät lief.

Danach habe ich die alte Dame noch öfters besucht, denn bei mir tauchten immer neue Fragen auf. So erfuhr ich nicht nur etwas aus dem aufregenden Leben ihrer Großmutter und Urgroßmutter, sondern auch eine ganze Menge über die Nachkommen dieser beiden Frauen, wovon die berühmteste Nachfahrin zweifellos Maria Hellwig ist, die Jodelkönigin und weltbekannte Interpretin der volkstümlichen Musik.

Verständlicherweise wusste mir die Hanni über einige Mitglieder der weitverzweigten Verwandtschaft nicht viel zu berichten, weil sie in anderen Orten leben. Deshalb machte ich mich auf den Weg und besuchte viele von ihnen persönlich, oder ich führte ausführliche Telefonate mit ihnen. Auch war es nötig, in Archiven und Kirchenbüchern zu stöbern. Allen, die mir dabei behilflich waren, herzlichen Dank. Mein besonderer Dank gilt dem Diözesanarchiv in Salzburg, dem Pfarramt in Reit im Winkl, der Gemeindeverwaltung Jochberg in Tirol sowie allen Mitgliedern der Familie Lichtmannegger, die mir bereitwillig erzählt haben.

Natürlich kann ich nicht über jedes Familienmitglied ausführlich berichten, das würde den Rahmen dieses Buches sprengen. Daher habe ich mir nur einige herausgepickt mit einer besonderen Lebensgeschichte. Damit mein Buch möglichst authentisch ausfällt, lasse ich einige von ihnen selbst berichten. Das zeige ich jeweils in geeigneter Weise an. Mehr will ich dazu nicht verraten.

Nun lasse ich endlich Hanni, bei der ich mich ganz herzlich bedanken möchte, zu Wort kommen.

Viel Freude beim Lesen wünscht Ihnen

Roswitha Gruber

Meine Urgroßeltern Lichtmannegger

Am östlichen Ortsende von Reit im Winkl steht ein alter Bauernhof, der den Namen Aubauer trägt. Dort lebten meine Schwester Sanni und ich mit unseren Eltern bei den Eltern unseres Vaters. Eine ledige Tante, eine Schwester meines Vaters, lebte ebenfalls dort. Während also die Großeltern väterlicherseits gewissermaßen stets gegenwärtig waren, bekamen wir unsere Großmutter Lisei Lichtmannegger nur äußerst selten zu sehen. Wenn sie uns aber besuchte, war das für uns Kinder jedes Mal ein Freudentag. Denn diese Großmutter kam nie mit leeren Händen. So weit ich zurückdenken kann, brachte sie bei jedem ihrer Besuche für jedes Kind einen Amerikaner und ein Paar Boxer mit. Das war für uns das Höchste!

Die Boxer, ein Mürbeteiggebäck mit Weinberl (Rosinen) drin, gab es beim Bäcker um die fünf Pfennig zu kaufen, und ein Amerikaner kostete nur drei Pfennig. Aber unsere Mutter kaufte uns nie so etwas. Dabei war sie mit Sicherheit nicht so arm wie die Großmutter. Wahrscheinlich aber wollte sie ihr und uns Kindern die Freude lassen, dass dieses Backwerk für uns immer etwas Besonderes blieb.

Als ich etwas älter geworden war, wusste ich die Besuche von Großmutter Lisei auch noch aus einem weiteren Grund zu schätzen. Obgleich sie immer in Eile schien, kam sie stets meiner Bitte nach, mir von früher zu erzählen. Das fand ich ungeheuer spannend, zumal sie dabei auch Wörter verwendete, die bei uns nicht gebräuchlich waren. Die musste sie mir dann erklären. Rückblickend habe ich den Eindruck, dass ihr das Erzählen ebenso viel Spaß gemacht hat wie mir das Zuhören. Wenn sie sich nach einer Weile mit einem Ruck erhob und unweigerlich der Satz folgte: »So, Hanni, jetzt muss ich wieder an die Arbeit«, konnte sie mir meine Enttäuschung am Gesicht ablesen. Dann tätschelte sie mir tröstend die Wange mit den Worten: »Nicht traurig sein, Hanni. Beim nächsten Mal erzähl ich weiter.«

Auf diese Weise bekam ich einen tiefen Einblick in das Leben meiner Urgroßeltern und in das von Liseis Kindheit. Aus ihrem Erwachsenenleben dagegen erfuhr ich so gut wie nichts. Das fiel mir damals aber noch nicht auf. Es war mir auch nicht aufgefallen, dass es zu dieser Großmutter keinen Großvater gab. Die fehlenden Informationen wusste ich mir später auf andere Weise zu holen.

Zunächst möchte ich also über meine Urgroßeltern Lichtmannegger sprechen.

Es war am zweiten Sonntag im Mai des Jahres 1842, als sich der Vitus Taxer, Bauer eines bescheidenen Anwesens in Jochberg/Tirol, auf den Weg nach Kitzbühel begab. Am nächsten Morgen sollte dort nämlich, wie jedes Jahr, der bedeutendste Viehmarkt im ganzen Umkreis stattfinden. Dieser Markt war stets ein großes Ereignis, zu dem die Bauern aus nah und fern herbeiströmten, um ihre Rinder anzubieten oder um welche zu kaufen. Sogar aus dem Bayerischen und dem Salzburgischen trieben die Bauern ihre Rindviecher herbei. Mit mehr als dreihundert Stück Großvieh konnte man also rechnen, und darunter hoffte auch der Vitus zu finden, was er suchte. Er brauchte eine junge Kuh, die allerdings nicht zu teuer sein sollte. Sein ältester Sohn begleitete ihn auf diesem Weg, um zu lernen, was bei einem Kuhhandel wichtig ist, so wie er selbst das einst von seinem Vater gelernt hatte.

Wie immer, wenn es auf den Viehmarkt ging, bezog man Quartier bei einem Wirt, damit man am nächsten Morgen früh genug zur Stelle war.

Beim Nachtessen in der Wirtsstube ergaben sich meist schon interessante Begegnungen und Gespräche.

Obwohl dem Vitus klar war, dass er mit seinem nicht allzu prallen Geldbeutel im Hosensack sich keine der prächtigsten Kühe würde leisten können, strebte er mit seinem Sohn zuerst zu diesen. Der Bub sollte ein Gespür dafür bekommen, was eine gute Kuh ausmachte. Vitus betätschelte sie, machte den Sohn aufmerksam auf ihre Farbe, die Hörner, die Zähne und das Euter. Trat dann der Besitzer des Tieres auf ihn zu und nannte seinen Preis, schüttelte Vitus bedauernd den Kopf.

»Über den Preis kann man noch reden«, bot der Bauer eifrig an. »So weit, dass er zu meinem Geldbeutel passt, wirst bestimmt nicht runtergehen«, antwortete der Taxer resignierend und lenkte seine Schritte zur nächsten Kuh.

Als er endlich bei den weniger ansehnlichen Tieren angelangt war, wurde man ziemlich schnell handelseinig. Von einem Bauern namens Sebastian, dessen Nachnamen er noch nicht mal kannte, erstand er eine Kuh und bezahlte sie gleich in bar.

Rindviecher waren allerdings nicht das Einzige, was auf dem Kitzbüheler Markt gehandelt wurde. Der Viehmarkt war auch immer eine Art Heirats- und Stellenmarkt. Von den Vätern wurde neben dem Kuhhandel oft auch ein Brauthandel betrieben, oder man handelte neue Dienstboten aus.

Noch ehe der Vitus seine Jungkuh fortführen konnte, fragte der Sebastian: »Du, Vitus, weißt mir keine Jungmagd? Zum nächsten Frühjahr bräuchte ich eine.« Der Vitus schob seinen Hut zurück, kratzte sich hinterm rechten Ohr und fragte bedächtig: »Und wo wäre das nachher?«

»Auf dem Thannhof zu Waidring.«

»Das wär' gar nicht so verkehrt«, antwortete der Jochberger. »Mein jüngstes Dirndl, die Elisabeth, wird in diesem Sommer ausgeschult.«

»Das passt«, nickte der Waidringer. »Bis Lichtmess hast ihr dann noch alles beigebracht, was ihr noch fehlt. Dann kannst sie mir bringen.«

»Und wie schreibst du dich eigentlich?«, wollte der Vitus noch wissen. »Damit ich weiß, nach wem ich fragen muss.«

»Dankl, wenn's recht ist.«

»'s wird mir schon recht sein, wennst keinen anderen Namen hast.«

Ebenso, wie sie sich beim Kuhkauf per Handschlag einig geworden waren, hielten sie das auch bei der künftigen Magd. Zusätzlich drückte ihm der Dankl noch ein paar Gulden in die Hand, das sogenannte Har oder Drangeld. Das war so der Brauch, damit man sah, dass es der Bauer mit der Anstellung ernst meinte, und damit der künftige Dienstbote sich auch verpflichtet fühlte.

»Magst dir das Dirndl vorher mal anschauen?«, fragte der Vitus. »Dann komm ich mal mit ihr auf deinem Hof vorbei.«

»Das braucht's nicht. Vom bloßen Anschauen merk ich eh nicht, was sie kann und was nicht. Das merk ich dann schon, wenn sie ein paar Tage auf dem Hof ist. Aber wenn du dir meinen Betrieb anschauen willst, kannst gern kommen.«

»Das braucht's auch nicht. Den seh' ich an Lichtmess noch früh genug.«

Nachdem der Taxer und sein Bub die neuerworbene Kuh nach Hause in den Stall getrieben hatte, eröffnete er seiner Familie beim Nachtessen, dass er für die Elisabeth eine Stelle als Dienstmagd habe. Das Mädchen zeigte darüber weder Freude noch Bestürzung. Das war eben damals so, dass sich ein Mädchen in das fügte, was der Vater beschlossen hatte.

Pünktlich am Lichtmesstag des Jahres 1843 stand der Vitus mit seiner Jüngsten, die nach sechsjähriger Schulzeit gerade mal zwölf Jahre alt war, vor der Tür des Thannhofbauern zu Waidring. Am selben Tag noch nahm sie ihre Arbeit auf. Die bestand zunächst darin, Wasser vom Brunnen ins Haus zu tragen und die Hühner zu füttern. In den folgenden Tagen ließ die Bäuerin sie aber auch schon andere Aufgaben in Haus und Stall verrichten, weil sie sehen wollte, was das Mädchen konnte. Da Elisabeth großen Fleiß und Geschicklichkeit an den Tag legte, waren Bäuerin und Bauer sehr zufrieden mit ihr, was Letzterer dem Vitus versicherte, als er ihn auf dem Augustviehmarkt traf. Ja, der Sebastian nannte die Elisabeth sogar einen Glücksfall für seinen Hof.

Nach ihrer »Probezeit« wurde das Dirndl dann mit dem Amt der Kindsmagd betraut. Auf den Höfen herrschte damals nämlich eine strenge Hierarchie. Dem Bauern oblag die Verantwortung für die Landwirtschaft und damit die Aufsicht über die Knechte. Die Bäuerin dagegen war verantwortlich für die Hauswirtschaft, und ihr unterstanden die weiblichen Dienstboten. Diesen war die Thannhoferin eine gute Herrin, aber auch eine strenge. Besonders was Sitte und Anstand betraf, verstand sie keinen Spaß. An jedem Sonntag ließ sie ihren Dienstboten ausreichend Zeit zum Besuch des Gottesdienstes, und sie achtete peinlich darauf, dass sie auch wirklich hingingen. Auch duldete sie auf ihrem Hof kein »Hausgraffl«. Damit meinte man eine Liebschaft von Dienstboten untereinander. Sobald sie merkte, dass sich etwas anzuspinnen begann – und ihren scharfen Augen entging nichts –, wurde zunächst er entlassen, und wenig später musste auch sie ihr Bündel schnüren. So ein Fall ereignete sich schon wenige Monate, nachdem die Kindsdirn Elisabeth im Haus Einzug gehalten hatte. Und obwohl sie mit ihren mittlerweile dreizehn Jahren fast noch ein Kind war, begriff sie, wie sie sich zukünftig zu verhalten hatte. Sie wollte auf keinen Fall etwas gefährden, denn ihre Arbeitsstelle gefiel ihr, und sie wusste, wo sie hingehörte.

Jeder Dienstbote hatte im Haushalt bzw. in der Landwirtschaft seinen bestimmten Platz und seine genau umschriebenen Aufgaben. Man konnte nur im Rang aufsteigen, wenn man seinen bisherigen Platz gewissenhaft ausgefüllt hatte und wenn der nächsthöhere Rang frei geworden war.

Mit dem Amt als Kindsdirn war die junge Taxerin vorerst völlig ausgelastet. Die Bäuerin hatte nämlich Anfang Dezember ihr fünftes Kind bekommen, und die anderen waren bei Elisabeths Dienstantritt auch erst zwei, drei, fünf und sechs Jahre alt.

Nachdem die Kinder aus dem Gröbsten heraus waren, stieg die Elisabeth zu einer Unterdirn auf. Deren gab es mehrere im Haus, von denen jede einen fest umrissenen Aufgabenbereich hatte. Sie hatten nach den Weisungen der Bäuerin oder der Dirn, die auch Großdirn oder Baudirn genannt wurde, zu arbeiten.

Als Unterdirn durchlief Elisabeth verschiedene Bereiche im Haushalt. So arbeitete sie gewisse Zeit als Hoamdirn, Saudirn, Waschdirn und Kucheldirn. Als Letztere musste sie der Kuchin (Köchin) zuarbeiten. Dadurch lernte sie so nebenbei das Kochen. Im Alter von fünfundzwanzig Jahren rückte sie bereits - ganz unerwartet - zur Baudirn auf. Die bisherige Baudirn, bereits über sechzig, hatte sich nach einem Sturz mit Beinbruch nicht mehr so recht erholt. Ab diesem Zeitpunkt gehörten zu Elisabeths Aufgabenkreis so verantwortungsvolle Tätigkeiten wie die Fütterung und Aufzucht der Schweine, das Brotbacken, das Waschen und die Sauberhaltung des Hauses. Das heißt, sie trug die Verantwortung dafür, dass die jeweilige Unterdirn ihre Sache gewissenhaft erledigte. Freilich musste sie oft genug selbst Hand mit anlegen.

Darüber hinaus betreute sie den Küchen- und Kräutergarten und hatte für die Knechte aufzubetten, während jede weibliche Arbeitskraft sich um ihr eigenes Bett selbst zu kümmern hatte. Im Herbst trug sie die Hauptverantwortung für die Herstellung von Leinen. Der Flachs dazu wurde zwar von den Männern geerntet, aber die Frauen hatten die Aufgabe, ihn in der Brechstube aufzubereiten. Es wurde viel Leinen gebraucht für all die Betten, die Unterwäsche, die Tischdecken und Handtücher.

Zu Elisabeths Pflichten gehörte es aber auch, die alte Baudirn zu pflegen. Auch war sie die Pflegeperson für erkrankte Knechte und Mägde. Erkrankte dagegen ein Familienmitglied, so pflegte die Bäuerin dieses eigenhändig. War aber mal die Bäuerin krank, so war wieder Elisabeth gefordert. Dadurch eignete sie sich so einiges an medizinischem Wissen und Können an.

Gerade ob der vielen und abwechslungsreichen Tätigkeiten fühlte sich die junge Taxerin in ihrer Rolle als Großdirn sehr wohl, und sie wäre es gewiss bis an ihr Lebensende geblieben, wenn nicht der Bauer sie überraschend für eine andere Aufgabe ausersehen hätte. In dem Moment, als die Bäuerin davon erfuhr, jammerte sie: »Du kannst mir doch nicht einfach meine beste Magd wegnehmen.« Aber alles Klagen half nichts. Zuletzt galt immer das, was der Bauer für notwendig hielt.

Im Juni pflegte, sobald auf den Almen das Gras so lang war, dass die Rinder davon satt werden konnten, der Thannhofer, wie es damals einige Bauern taten, höchstpersönlich mit seinen Tieren auf die Bergweiden zu steigen. Denn das Vieh war - außer dem Grundbesitz - des Bauern wertvollstes Gut. Das wollte man so leicht niemand anderem anvertrauen. Beim Aufstieg wurde er normalerweise vom Kia-Bua (dem Hütejungen), das konnte auch ein alter Mann sein, dem Melker und zwei Knechten begleitet. Sie halfen dabei, die benötigten Gerätschaften und haltbare Lebensmittel sowie das Bettzeug nach oben zu schaffen. Die Knechte beförderten in Buckelkraxen und Kopfkraxen, die man schwerer beladen konnte, alles, was irgendwie hineinging. Für die größeren und schwereren Teile benutzte man den von einem Pferd gezogenen Barfußschlitten. Der wurde so genannt, weil er keine Eisenbeschläge unter den Kufen hatte. Dadurch war er leichter und konnte notfalls auch mal ein Stück getragen werden, wenn das Gelände es erforderte. Vor allem aber wurde durch den fehlenden Eisenbeschlag das Gras geschont, wenn der Schlitten darüberglitt. Sobald alles an Ort und Stelle war, wanderten die Knechte wieder zu Tal, und der Bauer mit dem Kia-Bua und dem Melker erledigte den ganzen Sommer über sämtliche Almarbeiten.

Als der Sebastian jedoch sein vierundsechzigstes Lebensjahr vollendet hatte, wollten seine Beine und sein Kreuz nicht mehr so recht. Seinem ältesten Sohn, dem Wastl, wollte er aber die verantwortungsvolle Arbeit noch nicht so recht anvertrauen. Der war ja erst zweiundzwanzig. Von den Knechten taugte ihm erst recht keiner als Nachfolger auf der Alm. Deshalb war er auf die Elisabeth gekommen. In all den Jahren, die sie bei ihm diente, hatte er beobachten können, dass sie das Zeug dazu hatte. Vor allem ihre Gewissenhaftigkeit war es, die sie ihm als die geeignete Person erscheinen ließ. Zudem hatte sie eine schnelle Auffassungsgabe und würde das, was man auf der Alm können musste, in wenigen Tagen lernen. »Im nächsten Frühjahr gehst mit dem Vieh auf die Alm«, hatte ihr der Bauer kurz und bündig mitgeteilt.

»Ja, wennst mir das zutraust, Bauer«, hatte sie geantwortet. »Lust dazu hätt' ich schon.«

So kam es, dass die Taxerin, mittlerweile war sie fast dreißig, im Frühsommer 1859 mit ihrem

Bauern zum ersten Mal auf die Bergweide stieg. Begleitet wurden sie, wie üblich, vom altgedienten Kia-Bua, dem Melker und zwei Knechten. Der Thannhofer blieb nur so lange auf der Alm, bis er seiner neuen Sennerin alles gezeigt und erklärt hatte. Dann quälte er sich mit seinen Schmerzen wieder den Berg hinunter. Abwärts schmerzten ihn Knie und Rücken noch ärger als beim Aufsteigen, doch er hatte das beruhigende Gefühl, seine Tiere in guten Händen zu wissen. So war plötzlich aus der Dienstmagd Elisabeth eine Almerin geworden. Das selbstständige Arbeiten machte ihr Spaß, und sie genoss die Freiheit und das Ungebundensein.

Eines schönen Julisonntags, der Melker hatte sich zu seinem Mittagsschlaf hingelegt, der alte Kühhüter war bei den Kühen, und Elisabeth hatte ihren Kas gerade mit einem Tuch in die runde Kasform gepresst, sah sie von unten ein Mannsbild heraufwandern. Sollte das etwa der Bauer sein? Wollte der vielleicht kontrollieren, ob sie ihre Sache auch recht machte? Aber nein, dafür schritt dieser Mensch viel zu rüstig aus. Das war kein alter, von Schmerzen geplagter Mann.

»Grüß dich, Sennerin«, rief der Wanderer, sobald er ihrer ansichtig wurde. »Bist jetzt du als Ersatz für den Sebastian hier oben?«

Sie bejahte.

»Ja, ja, letztes Jahr hat er schon arg über seine Knie und sein Kreuz geklagt«, erinnerte sich der Fremde.

»Ah, du kennst meinen Bauern?«, fragte die Sennerin, Zutrauen fassend. »Ja, dem geht's wirklich nicht gut. Aber wieso kennst du ihn?«

»Jeden Sommer hab ich ihn hier oben besucht. Immer, wenn ich durstig ankam, hat er mir ein Scheiä Milch vorgesetzt.«

Ein Scheiä, das ist eine Tasse, sie kann aus Steingut, Holz oder Blech sein.

»Ein Scheiä Milch kannst von mir auch haben.«

Schon war sie in ihrer Hütte verschwunden, um wenig später wieder mit einem Steingutkrug zu erscheinen. In der anderen Hand trug sie zwei Holztassen. Indem sie diese füllte, erklärte sie: »Wenn's recht ist, trink ich einen Schluck mit. Denn vom Kasmachen bin ich auch durstig geworden.«

Da er in der Zwischenzeit ein paar Scheiben Brot ausgepackt hatte, die nur mit Butter bestrichen waren, schob er ihr davon hin. »Da, in Gesellschaft schmeckt's besser.« Ehe sie aber in das Brot biss, war sie schon wieder in der Hütte verschwunden. Sie kam zurück mit einem Kasbrett, einem Messer und einem ordentlichen Stück Käse. »Wennst mir schon von deinem Brot abgibst, will ich wenigstens den Kas dazugeben.«

Viel geredet wurde nicht. Aber während beide mit vollen Backen kauten und dazwischen kräftige Schlucke von der Milch nahmen, betrachtete einer den anderen verstohlen von oben bis unten. Ein stattlicher Bursch, dachte die Elisabeth. Ein blitzsauberes Madel, dachte der Besucher.

»Übrigens, ich bin der Lichtmannegger Franz aus Kitzbühel«, stellte er sich vor, »und wer bist du?«

»Ich bin die Taxer-Elisabeth aus Jochberg und stehe im achtzehnten Jahr in Diensten beim Thannhofer. Und was machst du?«

»Ich bin Rossknecht in St. Johann auf dem Hudlhof.«

»Wieso kannst du dann am helllichten Tag spazieren gehen?«, fragte die Taxerin überrascht.

»Mein Bauer ist ein feiner Mensch. Seit meiner Ausschulung arbeite ich schon bei ihm. Er weiß, wie sehr ich die Berge liebe. Und weil er mit meiner Arbeit sehr zufrieden ist, darf ich seit meinem zwanzigsten Lebensjahr im Sommer immer wieder mal in die Berge.«

»Und seit wie vielen Jahren machst du das jetzt?«

»Seit fünfzehn Jahren.«

Aha, dann ist er jetzt fünfunddreißig, rechnete sie sich im Stillen aus. Hörbar fügte sie hinzu: »Dann bist etwa fünf Jahre älter als ich.«

»Aha«, war sein Kommentar, »rechnen kannst also auch.«

Plötzlich erhob sie sich. »Aber jetzt muss ich wieder an die Arbeit. Die tut sich nicht von allein.«

»Da hast recht. Auch ich will weiter, damit ich noch was von den Bergen sehe, ehe ich heimmuss. Was bin ich schuldig?«

Verwundert schaute sie ihn an. Da erklärte er: »Für die Milch und den Kas.«

»A, geh! Dafür hab ich doch von deinem Brot gegessen.«

»Das Brot ist doch nicht so viel wert wie die Milch und der Kas.«

»Für mich schon. Wann krieg ich hier heroben schon mal frisches Brot her? Meist muss ich mich mit meinem Mehlmuaserl begnügen.«

»Ja, wenn du das so siehst, Elisabeth, dann komme ich recht bald wieder und bring dir frisches Brot.«

»Darauf freu ich mich jetzt schon.«

Nachdem er gegangen war, lief der Elisabeth die Arbeit so leicht von der Hand wie nie zuvor.

Was für ein fescher Bursche, dachte sie, und was er für schöne Hände hat. Erstaunlich, dass man damit sogar arbeiten kann. Er schaut nicht nur gut aus, sinnierte sie weiter, er scheint auch sehr anständig zu sein. Sie war so fröhlich, dass sie sich selbst nicht mehr kannte, und sie sang laut vor sich hin.

»Was ist denn in dich gefahren?«, fragte der Kia-Bua verwundert, als er seine Viecher in den Stall führte.

Am Abend, als die Sennerin auf ihrer Lagerstatt ruhte, ermahnte sie sich: ›Dirndl, sei vernünftig. Der ist nichts für dich. Er ist ein Knecht und du bist eine Magd. Daraus kann nichts werden.‹

Dennoch ertappte sie sich in den nächsten Tagen immer wieder dabei, dass sie an den netten Franz dachte. Und jeden Sonntag, wenn sie ihren Kas fertig hatte, suchte sie mit den Augen den Berg ab nach einem Wanderer. ›Es ist ja nur wegen dem frischen Brot‹, redete sie sich selbst gut zu.

Am vierten Sonntag endlich machte ihr Herz einen Freudenhüpfer. Denn weit unten erblickte sie die erwartete Gestalt. In dem Moment musste er sie ebenfalls erblickt haben, denn er schwenkte seinen Hut und stieß einen Jodler aus. So schnell sie ihre Füße trugen, eilte sie in die Hütte, um Milch und Kas und das nötige Zubehör zu holen.

»Der Tisch ist ja schon gedeckt«, rief er erfreut aus statt eines üblichen Grußes.

»Ja, ich dacht' mir, dass du wieder hungrig und durstig bist von der langen Wanderung«, antwortete sie verlegen.

Nachdem sie eine Weile schweigend gekaut hatten, fragte er unvermittelt: »Freust dich, dass ich wieder gekommen bin?«

»Ja, wegen dem frischen Brot. Und du?«

»Ich freu mich ganz narrisch - wegen der frischen Milch und dem guten Kas.«

»Dann lass es dir weiterhin schmecken.«

Schweigend kauten sie weiter, und schweigend schlürften sie von der Milch. Dabei hätten sie sich gewiss viel zu sagen gehabt. Aber keiner traute sich.

»Bevor der Almabtrieb ist, bring ich dir noch mal Brot«, versprach Franz beim Abschied.

»O ja«, antwortete sie leuchtenden Auges. »Dann werde ich mich narrisch freuen. Denn dein Brot ist wirklich gut.«

»Dein Kas ist auch nicht zu verachten.«

Er hielt Wort. Am letzten Augustsonntag war er wieder da. Diesmal fiel den beiden der Abschied besonders schwer. Das einzig Tröstliche, das dem Knecht einfiel, war die Frage: »Bist im nächsten Sommer wieder auf der Alm?«

»So Gott will und es meinem Herrn recht ist, ja.«

Je näher es aufs Frühjahr zuging, desto mehr fieberte die Dienstmagd Elisabeth dem Almauftrieb entgegen. Und tatsächlich, am ersten schönen Julisonntag stand der Franz wieder vor ihr. Sie aßen und tranken miteinander, sie sangen, sie jodelten, sie lachten miteinander und hätten vor Freude die ganze Welt umarmen mögen. Nur das Naheliegende, nämlich, sich gegenseitig zu umarmen, trauten sie sich nicht. So ging auch ihr zweiter Sommer dahin, und am Ende stand wieder der Abschiedsschmerz. Da nahm der Franz seinen ganzen Mut zusammen und stellte eine Frage, auf welche die Dirn schon so lange gewartet hatte und vor der ihr gleichzeitig bangte: »Elisabeth, magst mich heiraten?«

Am liebsten hätte sie sich in seine Arme geworfen und gerufen: ›Ja, ja, ich will!‹ Stattdessen aber antwortete sie resignierend: »Franz, du weißt selbst, dass das unmöglich ist.«

»Ja, das weiß ich«, gab er zu. »Deshalb habe ich mich auch so lange nicht zu fragen getraut. Inzwischen habe ich mir aber viele Gedanken gemacht. Vielleicht gibt es für uns doch eine Möglichkeit.«

Ihr Gesicht rötete sich vor Aufregung. »Und die wäre?«, fragte sie.

»Wir könnten eine Sommerehe führen. Du bleibst bei deinem Bauern und ich bei dem meinen. Dann bräuchten wir keinen Hausstand zu gründen, und jeder hätte sein Auskommen.«

Verlockend klang das schon, aber nur für einen Moment.

»Dummer Franz«, tadelte sie dann. »Jetzt muss ich Verstand für zwei haben. Selbst wenn unsere Bauern die Einwilligung zur Heirat gäben, was haben wir davon? Drei- oder viermal könnten wir im Sommer wie Eheleute zusammenleben. Was wäre das schon? Und wenn ein Kind kommt, was dann?«

»Das könnt im Sommer doch leicht bei dir auf der Alm bleiben«, war sein Vorschlag.

»Und was wäre mit den neun übrigen Monaten des Jahres?«

Traurig erhob sich der Franz und blieb unschlüssig vor der Elisabeth stehen.

»Darf ich trotzdem im nächsten Jahr wiederkommen?«

»Freilich darfst das. Du weißt doch, wie gut mir dein Brot schmeckt.«

»Ist es wirklich nur das Brot, das du magst?«

»Aber geh, Franz, das weißt doch längst, dass ich dich mag. Das mit dem Brot war doch nur ein Vorwand.«

Da riss er sie in die Arme und drückte der überraschten Sennerin ein herzhaftes Busserl auf den Mund.

»Das mit dem Kas war auch nur ein Vorwand«, gestand er lachend. »In Wirklichkeit hast mir vom ersten Augenblick an gefallen. Das konnt' ich dir aber nicht sagen. Sogar mir selbst wollte ich es lange Zeit nicht eingestehen, weil ich wusste, wie aussichtslos unsere Liebe ist.«

Dann riss er sich von ihr los, nicht ohne ihr zuzurufen: »Über den Winter werde ich nachdenken, ob es für uns nicht doch eine Lösung gibt.«

»Tu das, Franz!«, rief sie ihm nach. »Ich werde ebenfalls darüber nachdenken.«

Nach der Almzeit wieder zurück auf dem Thannhof erledigte Elisabeth gewissenhaft, wie immer, all ihre Pflichten. Dennoch fragte die Bäuerin eines Tages: »Was ist los mit dir, Madl? Du wirkst so abwesend. Bist etwa verliebt?«

Wie vom Donner gerührt ließ die Magd den Brotlaib, den sie gerade formte, in die Backmulde fallen.

»Hab ich recht?«, hakte die Thannhoferin nach.

»Ja, Bäuerin, es stimmt«, gab Elisabeth zu. »Ich sinniere die ganze Zeit darüber nach, ob es für uns eine Möglichkeit gibt zum Heiraten.«

»Will er dich denn heiraten?«

»Und ob!«

»Ist er ein Bauer?«

»Leider nicht. Er ist Rossknecht.«

»Dann lass die Finger davon, Dirndl. Was willst mit einem armen Deifi?«

Vielleicht, dachte sich die Elisabeth, war es ja möglich, mithilfe der Bäuerin doch noch einen Weg für sie und den Franz zu finden.

»Wenn's euch recht wäre und seinen Leuten auch, dann müsst es doch irgendwie mit dem Heiraten gehen …«

So weit ging das Verständnis der Thannhoferin dann aber doch nicht. »Wo wollt ihr denn beisammen sein?«, fragte sie. »Du schläfst bei uns doch in der Mägdekammer, und er schläft gewiss bei seinen Leuten in der Knechtskammer.«

Doch so schnell gab die Elisabeth nicht auf. »Vielleicht könnt er ja zu euch in Dienst gehen. Dann könntest uns eine gemeinsame Kammer geben.«

»Gehen tät das schon. Aber was sagst, wie lange dient er schon bei seinem Bauern?«

»Das sind schon über fünfundzwanzig Jahre.«

»Siehst, das macht man nicht. Man nimmt nicht einem Bauern den lang gedienten Knecht weg. Und bei dir ist es das Gleiche. Jetzt sind's fast zwanzig Jahre, dass du bei uns in Diensten stehst, da würd' sich's nicht gehören, dass sie dich abwerben.«

Traurig ließ die Dienstmagd den Kopf sinken. Dagegen wusste sie nichts mehr einzuwenden.

Um sie zu trösten, fügte die Bäuerin noch hinzu: »Schau, wenn wir euch das Heiraten wirklich erlauben würden und ich würd euch eine Kammer zur Verfügung stellen, damit ihr wenigstens einmal in der Woche beisammen sein könnt, dann würdet ihr auch nicht glücklich werden. Außerdem, was wäre, wenn ein Kind kommt? Dann fingen die Probleme erst richtig an.«

Elisabeth war klar, dass die Bäuerin recht hatte. Angenommen, sie war so gutherzig und würde zulassen, dass das Kind auf dem Hof aufwuchs, was, wenn ein zweites Kind und ein drittes kam? Die müsste sie dann weggeben.

»Mal ehrlich, willst du deine Kinder wirklich von fremden Leuten aufziehen lassen?«, hörte sie die Thannhoferin sagen. »Abgesehen davon, dass es dir jedes Mal das Herz zerreißen würde, wenn du eines weggeben musst, denk auch mal an die armen Kinder! Egal, zu wem du sie geben würdest, sie wären immer die ›Kinder der Dienstmagd‹ und damit Menschen zweiter Klasse. Sie würden überall herumgestoßen und würden in der Schule von den Bauernkindern getratzt. Außerdem, damit ihre Pflegeeltern einen Nutzen von ihnen hätten, müssten sie von klein auf schwer arbeiten und würden auch nur wieder Knecht oder Magd werden können. Willst du ihnen das wirklich antun?«

Betroffen dachte die Dirn nach. Dann begehrte sie auf: »Ich bin eine Bauerntochter und habe trotzdem von klein auf daheim schwer arbeiten müssen, und nachher bin ich auch nur eine Dienstmagd geworden.«

»Trotzdem besteht da ein bedeutender Unterschied«, widersprach ihre Dienstherrin. »Du hast eine behütete Kindheit gehabt und hast genügend Selbstbewusstsein entwickeln können. Dadurch hast du viel erreicht. Schon mit fünfundzwanzig haben wir dich zur Baudirn gemacht, und mit noch keinen dreißig durftest du selbstständig auf die Alm. Der Bauer hat dir sein ganzes wertvolles Vieh anvertraut. Als Kind einer Dienstmagd hättest du es vermutlich nie so weit gebracht.«

Diese Worte machten die Magd nachdenklich. Noch ehe sie eine passende Entgegnung vorbringen konnte, fuhr ihre Bäuerin fort: »Vielleicht bist du auch so selbstsicher geworden, weil du immer wusstest, hinter dir steht eine Familie. Und zu der könntest du jederzeit zurückkehren.«

»Das Gefühl habe ich schon lange nicht mehr«, wandte Elisabeth ein. »Seit meine Eltern nicht mehr leben und mein Bruder den Hof bewirtschaftet, fühle ich mich dort als Fremde.«

»Jetzt brauchst deine Familie ja auch nicht mehr. Wir sind längst deine Familie geworden. Dafür solltest du dankbar sein. Du hast satt zu essen, du wirst eingekleidet, du hast ein Dach überm Kopf. Was willst du mehr? Das solltest du nicht alles wegwerfen für eine ungewisse Zukunft.«

»Aber ich hab den Franz doch so viel gern!«, brach es aus der Dirn heraus. »Ein Leben ohne ihn kann ich mir nicht vorstellen.«

»Das Verliebtsein, das vergeht schneller, als du schauen kannst«, warnte die Bäuerin. »Glaub mir das. Dann bleiben nur noch die Sorgen. Lass alles so, wie es ist. Bisher hast du doch ganz gut so gelebt. Du weißt selbst, es gibt eh genug unglückliche Kinder auf der Welt. Da musst du nicht noch ein paar hinzufügen. Außerdem – wenn ich dir das Heiraten erlauben würde und wenn ich es zuließe, dass dein Mann hier ein und aus geht, dann würden die anderen Dienstboten gleiche Rechte verlangen. Was würde dann aus der Arbeit werden und aus dem Hof? Der gibt schließlich uns allen das Brot.«

Mehr und mehr sah die Elisabeth ein, dass ihre Bäuerin recht hatte. Es war wohl besser, wenn sie nicht länger ihren Träumen nachhing. Sie musste versuchen, Franz zu vergessen. Doch das war leichter gedacht als getan. So sehr sie sich auch bemühte, sich den geliebten Mann aus dem Kopf zu schlagen, es gelang ihr nicht. Immer wieder seufzte sie bei der Arbeit auf vor lauter Herzweh. Und als sie Ende Juni wieder auf der Alm war, wünschte sie sich ihn sehnlichst herbei.

Und plötzlich stand er wieder vor ihr, stattlich, strahlend, braun gebrannt. Ohne lange Vorrede riss er sie in die Arme und küsste sie stürmisch. Doch so sehr sie sich danach gesehnt hatte, so sehr sie das wohlige Gefühl genoss, von seinen starken Armen gehalten zu werden und seine heißen Küsse zu spüren, auf einmal straffte sie ihren ganzen Körper und schob ihn mit beiden Händen von sich. »Franzl, was soll das? Du weißt doch, dass unsere Liebe keine Aussicht hat.«

Dazu sagte er gar nichts. Während er sich über die Brotzeit hermachte und sie kaum einen Bissen runterbrachte, berichtete sie ihm ausführlich von dem Gespräch mit ihrer Herrin. Er wirkte jedoch nicht so enttäuscht, wie sie das erwartet hatte. Im Gegenteil, seine gute Laune schien sich nicht erschüttern zu lassen. War er vielleicht froh, dass er nicht zu seinem Wort stehen musste? Doch ehe sie sich versah, umarmte er sie erneut, küsste sie auf den Mund, die Stirn und auf beide Wangen.

»Gräme dich deswegen nicht, Herzerl. Es gibt eine andere Möglichkeit für uns.«

Wieder schob sie ihn weg. »Das glaubst du doch selbst nicht. Was sollte das sein?«

»Wir werden uns einen Hof kaufen.«

Da lachte sie nur. »Wo willst du den hernehmen? Einen Hof kann man nicht wie eine Kuh auf dem Markt kaufen.«

»Da irrst du dich, Elisabeth. Auch Höfe werden auf dem Viehmarkt angeboten. Erst letztlich habe ich von einem Bauern erfahren, der auf diese Weise zu seinem Hof gekommen ist. In Zukunft werde ich jeden Markt besuchen und Augen und Ohren offen halten.«

»Ja, gut. Angenommen, man bietet einen Hof an, wovon willst du ihn bezahlen?«

Mit Eifer legte er ihr seinen Plan dar. Da er sein ganzes Dienstleben lang seinen Lohn gespart hatte, war ein ganz schönes Sümmchen zusammengekommen, und er ging davon aus, dass sie sich ebenfalls einiges erspart habe.

»Gewiss habe ich gespart, Franzl. Aber da ist nicht viel zusammengekommen. Du weißt selbst, dass eine Magd nur halb so viel Lohn kriegt wie ein Knecht. Selbst wenn wir also unser Gespartes zusammenlegen, langt's hinten und vorne nicht.«

Er erklärte ihr, dass man einen Hof ja nicht gleich ganz in bar bezahlen müsse.

»Das weiß ich auch«, erwiderte das Mädchen. »Aber bei dem bisschen Anzahlung, das wir machen könnten, frisst uns der Zins auf.«

Sogar diesen Punkt hatte der verliebte Rossknecht bedacht. Von seinem letzten Jahreslohn hatte er sich auf dem Maimarkt zwei Jungkühe gekauft. Die durfte er mit dem Vieh seines Herrn auf der Alm grasen lassen. »Im Herbst kann ich sie zum doppelten Preis verkaufen«, berichtete er voller Stolz.

Doch Elisabeth wiegte bedenklich ihren Kopf.

»Gewiss, das hört sich gut an. Die Sache hat allerdings einen Haken. Angenommen, du kaufst von dem Geld im Jahr darauf vier Kühe und wieder ein Jahr später acht und danach sechzehn usw. Dann würde in absehbarer Zeit ganz schön was zusammenkommen. Mehr als zwei Kühe kann dir dein Bauer aber nicht erlauben, sonst reicht sein Gras für's eigene Vieh nicht mehr aus. Weil du also jedes Jahr nur fünfzig Gulden verdoppeln kannst, dauert es hundert Jahre, bis wir uns einen eigenen Hof leisten könnten.«

Franz war klar, dass seine Liebste recht hatte – leider. Dennoch ließ er sich nicht entmutigen. »Du wirst meine Frau. Das ist ganz gewiss.«

»Da müsste aber ein Wunder geschehen.«

»Der liebe Gott hat uns zusammengeführt, er wird uns auch weiterhin beistehen«, antwortete der Knecht voller Gottvertrauen.

Der Sommer ging dahin, aber das Wunder geschah nicht. Jedes Mal, wenn der Franz die Sennerin besuchte, sah sie ihn erwartungsvoll an, um dann abermals enttäuscht die Flügel hängen zu lassen. Auch den ganzen Winter über betete sie um ein Wunder. Als der Franz sie dann im folgenden Juni auf der Bergweide besuchte, sah sie ihm schon von Weitem an, dass keines geschehen war. Aber er hatte einen Trost für sie bereit: »Ich habe wieder zwei Jungkühe gekauft und meinem Bauern mit auf die Alm gegeben.«

»Dann brauchen wir jetzt nur noch neunundneunzig Jahre zu warten, bis wir heiraten können«, lächelte sie wehmütig, als sie sich in seine Arme schmiegte.

»Lass uns nicht traurig sein«, antwortete er. »Lass uns die wenigen Stunden genießen, die wir beisammen sein können.«

So ähnlich war das auch im Monat darauf. Ende August aber, da hatte Elisabeth, schon als sie ihn von Weitem sah, den Eindruck, dass etwas anders war als sonst. Irgendwie bewegte sich ihr Rossknecht fröhlicher. Ja, er stürmte regelrecht den Berg hinauf. Sobald er sie erblickte, schwenkte er seinen Hut und ließ einen Jodler erschallen. Völlig außer Atem langte er bei ihr an. Noch ehe er ein Wort sagen konnte, umarmte er sie stürmisch und schwenkte sie einmal im Kreis herum.

»Franzl, was ist los? Was ist geschehen? So kenne ich dich ja gar nicht.«

Erschöpft ließ er sich auf die Hausbank fallen. Zwei-, dreimal schnaufte er kräftig durch, dann stellte er die Frage: »Kennst du den Spitalerhof?«

»In Jochberg?«

Er nickte. »Meinst du den, der am Saumpfad zum Pass Thurn liegt?«

»Genau den.«

»Freilich kenn ich den.«

»Magst Bäuerin auf diesem Hof werden?«

Lachend stupste sie ihn gegen die Brust. »Ah, geh, red' keinen Schmarrn. Willst mich etwa an den Bauern verkuppeln? Daraus wird nichts. Erstens ist der schon lange verheiratet, zweitens ist der mir viel zu alt, und drittens bist du es, den ich mag.«

»Dafür hast ein Busserl verdient.« Übermütig riss er sie in die Arme und küsste sie leidenschaftlich. Danach fuhr er mit seiner Erzählung fort: »Er ist nimmer verheiratet. Anfang August ist seine Frau von der Leiter gefallen und hat sich das Genick gebrochen.«

»Ah, das tut mir leid für sie. Und für ihn natürlich auch.«

»Ja, und er ist ohne Nachkommen. Sein einziger Sohn ist vor einigen Jahren von einer Lawine verschüttet worden.«

»So ein Unglück aber auch«, drückte sie ihr Mitgefühl aus.

»Ja, manch einen trifft es hart.«

»Und deswegen steht der Hof jetzt zum Verkauf?«, vermutete sie. »Das kannst dir gleich aus dem Kopf schlagen. Diesen Hof können wir nie und nimmer zahlen.«

»Nein, zu verkaufen ist der nicht«, lächelte der Franz geheimnisvoll.

»Wie willst du dann an den Hof kommen?«

»Es gibt noch eine andere Möglichkeit.«

Während sie angestrengt darüber nachdachte, welche Möglichkeit es sonst noch geben könne, beobachtete er aufmerksam ihr Mienenspiel.

»Ah, geh«, erklärte sie dann mit bittersüßem Lächeln. »Das kannst wirklich nicht von mir verlangen.«

»Was kann ich nicht von dir verlangen?«

»Du denkst doch gewiss, ich solle den Alten heiraten, um von ihm den Hof zu erben und anschließend dich heiraten.«

Da brach er in schallendes Lachen aus. »Aber geh, Elisabeth! Auf eine so narrische Idee würde ich nie kommen! Nein, die Sache liegt ganz anders.«

»Dann erklär mir das bittschön.«

»Der Spitalerhof gehört dem Bauern gar nicht. Er gehört dem Benefizium-Spital zu Weitau. Der Bauer ist nur der Pächter.«

»Und woher weißt du das alles?«

»Den ›Spitaler Markt‹, der jedes Jahr am Montag nach Mariä Himmelfahrt auf der Hutweide in der Weitau stattfindet, kennst du doch gewiss.«

Sie nickte.

Weil das der bedeutendste Pferdemarkt weit und breit sei, sei er mit seinem Bauern dort gewesen, berichtete Franz weiter. Der habe nämlich zwei Rösser kaufen wollen, und bei diesem Geschäft war ihm der Rat seines Rossknechts äußerst wichtig. Wie üblich waren sie am Vorabend beim Bacherwirt eingekehrt. Dort hatte es den ganzen Abend über nur ein Gesprächsthema gegeben: das Schicksal des Spitalerhofes. Man war sich einig, ohne Frau lasse sich ein solches Anwesen nicht bewirtschaften. Es wurde auch die Vermutung angestellt, dass der Bauer, da er nicht mehr der Jüngste sei, gewiss keine Bäuerin mehr finden werde. Also müsse er den Hof notgedrungen an das Benefizium zurückgeben. Die müssten sich dann einen neuen Pächter suchen. Aber welcher Bauer, so mutmaßte man, würde schon einen solchen Hof übernehmen? Einen Hof, der viel Arbeit macht, aber nicht viel einbringt.

Mit wachsender Aufmerksamkeit hatte Elisabeth den Ausführungen des Rossknechts bis dahin gelauscht. Dann fiel sie ihm ins Wort: »Jetzt verstehe ich, du willst dich um diesen Hof bewerben?«

»Das ist schon geschehen«, klärte ihr Liebster sie auf. »Am selben Abend noch sprach ich mit meinem Herrn darüber. Und der, obwohl er jammerte, einen so guten Rossinger werde er nur ungern ziehen lassen, bestärkte mich noch in meinem Vorhaben. Er riet mir sogar, da wir uns ja schon ganz in der Nähe befanden, ich solle gleich nach dem Pferdekauf den Benefiziar aufsuchen, damit mir kein anderer zuvorkomme.«

Hier legte Franz eine Pause ein. Er wollte die Wirkung, die seine Worte auf seine Liebste machten, voll auskosten.

»Weiter, Franz, weiter«, drängte sie. »Was hat der Benefiziar gesagt?«

»Er hat mir versichert, er werde mir den Hof zur Pacht geben, wenn ich ihm in absehbarer Zeit eine Bäuerin präsentiere.«

»Das hört sich gut an«, äußerte sie mit verhaltener Freude. »Aber wie viel an Pachtzins müssen wir zahlen?«

»Nichts, mein Herzerl! Nicht einen Kreuzer!«

»Das gibt's doch nicht! Du willst mir einen Bären aufbinden.«

»Wenn ich's dir sag!«, versicherte er. »Direkt zahlen brauchen wir nichts. Aber zwei Bedingungen sind an die Pacht gebunden.«

»Aha! Ich dachte mir gleich, dass da noch ein Pferdefuß kommt.«

»Kein Pferdefuß. Es sind Bedingungen, die wir leicht erfüllen können.«

»Und die wären?« Sie streckte ihren Kopf vor, damit sie nur ja kein Wort von seiner Antwort überhören solle.

»Das Spital in der Weitau und die dazugehörende Nikolauskirche sind vor ein paar Jahrhunderten von reichen Adelsfamilien gestiftet worden. Das Spital ist jedoch kein Krankenhaus im üblichen Sinn, in dem Kranke Genesung finden können, sondern es ist ein Hospiz, also ein Haus, in dem eine gewisse Anzahl von armen bresthaften Menschen auf Dauer kostenfreie Unterkunft findet. Durch weitere Stiftungen von wohlhabenden Leuten sind einige Ländereien und Bauernhöfe dazugekommen. So auch der Spitalerhof zu Jochberg. Weil das Benefizium von Weitau nicht alles bewirtschaften kann, hat man das Land und die Höfe weitgehend verpachtet.«

»Doch nicht etwa um Gotteslohn?«, warf die Elisabeth ein.

»Nicht ganz. Statt eine Pacht zu zahlen, muss der Bauer vom Spitalerhof allen durchreisenden Armen und Bresthaften kostenlos Herberge gewähren und sie mit einfacher Kost versorgen. Das ist die eine Bedingung.«

Sie schien Elisabeth leicht zu erfüllen. »Und wie sieht die zweite aus?«, fragte sie hastig.

»Die kommt jetzt. Meist sind das Pilger, die zu einem Wallfahrtsort unterwegs sind oder von dort kommen. Damit sie selbst in der Nacht zu ihrer Herberge finden, muss am Hof ab Einbruch der Dunkelheit, bis es wieder Tag wird, im Freien ein Licht brennen.«

Elisabeth atmete hörbar auf. »Das ist alles? Ich meine, das können wir übernehmen.«

»Das hab ich mir auch gedacht. Aber du musst bedenken, dass damit an manchen Tagen viel Arbeit auf dich zukommt. Die Schlafstellen richten, sauber machen, das Essen kochen und abspülen.«

»Das schreckt mich nicht!«, versicherte sie. »Hauptsache, wir können bald ein Paar werden.«

Er nickte lebhaft. »Ja, an Fasching werden wir vor den Altar treten.«

»O Franzl«, jubelte sie. »Das ist alles zu schön, um wahr zu sein! Zwick mich mal, damit ich merke, dass ich das nicht nur träume.«

Er zwickte sie tatsächlich. Dann zog er sie erneut in die Arme und flüsterte ihr ins Ohr: »Eigentlich möcht' ich dich nicht nur zwicken. Jetzt, da wir sozusagen verlobt sind und in absehbarer Zeit heiraten werden, könnten wir doch schon mal ausprobieren, wie es ist, wenn man als Mann und Frau lebt.«

Da schob sie ihn energisch von sich. »Nein, Franzl, sei vernünftig. Jetzt haben wir vier lange Jahre gewartet, da wirst du es auch noch das halbe Jahr aushalten können. Ich will nämlich nicht mit dickem Bauch vor den Altar treten.«

Seufzend akzeptierte er.

Nun hatte Elisabeth Fragen anderer Art. »Was wird aus dem alten Bauern? Müssen wir den übernehmen?«

»Nein, keine Sorge, Elisabeth. Mit dem habe ich auch schon geredet. Der will, sobald wir den Hof übernehmen, ins Spital nach Weitau übersiedeln. Es sei genau für Menschen wie ihn geschaffen worden. Dort werde er gut versorgt.«

Darüber war sie sehr beruhigt. Aber sie fragte weiter: »Was ist mit dem Vieh? Was ist mit dem Hausrat?«

»Das überlässt er uns alles zu einem günstigen Preis, sodass uns von unserem Ersparten auch noch etwas für Notzeiten bleibt.«

Als die frischgebackene Braut in all diesen Punkten beruhigt war, kamen ihr plötzlich weitere Bedenken: »Mein Gott, über all der Freud' hab ich meine Bäuerin ganz vergessen. Was ist, wenn sie uns das Heiraten nicht erlaubt?«

Auf diese Frage schien der Lichtmannegger nur gewartet zu haben. Obwohl er sich bereits im gesetzten Alter von neununddreißig Jahren befand, lachte er spitzbübisch und spielte seinen letzten Trumpf aus: »Erstens hat dir deine Bäuerin dann nichts mehr zu sagen, denn du kündigst zum nächsten Lichtmesstag. Und zweitens hab ich bereits bei ihr um deine Hand angehalten.«

»Ist das dein Ernst?« Mit beiden Händen fasste sie sich ans Herz, weil sie das Gefühl hatte, es könne vor lauter Freude zerspringen. Dann schob sie hastig einige Fragen nach: »Du warst wirklich bei ihr? Das hast du dich getraut? Du hast um meine Hand angehalten? Was hat sie geantwortet?«

»Zuerst hat sie mich nach meinen finanziellen Verhältnissen gefragt. Als Nächstes hat sie gejammert, ich nehme ihr die beste Magd weg, und dann hat sie ihren Segen dazu gegeben.«

»Ist das gewiss wahr?«

»Ja, und zum Schluss hat sie mir noch versichert, es sei ihr eine Ehre, unsere Hochzeit auszurichten.«

Vor Rührung tropften der Braut einige Tränen aus den Augen. Bestürzt nahm der Franz sie in die Arme. »Was ist los, Elisabeth? Warum weinst du? Hab ich was falsch gemacht? Willst du mich etwa nicht heiraten?«

»Doch, doch, Franzl«, beteuerte sie. »Ganz gewiss will ich dich heiraten. Ich kann es nur nicht fassen, dass ich einen so feschen Mann krieg, der zudem noch so umsichtig ist.«

»Stell dir das Leben auf dem Spitalerhof nicht zu einfach vor«, versuchte er, sie wieder in die Wirklichkeit zurückzuholen. »Wir werden sehr hart arbeiten müssen. Dienstboten werden wir uns vorerst nicht leisten können.«

»Davor habe ich keine Angst. Wir beide werden das schon meistern. Wichtig ist doch nur, dass wir beide zusammen sein können.«

Als es zwei Wochen später mit den Tieren wieder zurück auf den heimatlichen Hof ging, hatte die Dirn dennoch ein bisschen ein ungutes Gefühl. Doch dort erlebte sie eine weitere Überraschung. Vor den versammelten Dienstboten reichte ihr die Bäuerin die Hand mit den Worten: »Unsere Elisabeth ist seit einigen Tagen Braut. Zu deinem Bräutigam kann man dir nur gratulieren. In ihm kriegst du einen fleißigen, rechtschaffenen Mann.« Danach drückten ihr auch der Bauer und alle Angestellten die Hand und murmelten ein paar Segenswünsche dabei.

In den folgenden Wochen war es der Baudirn,

als werde sie von allen Mitarbeitern, besonders den weiblichen, mit mehr Hochachtung, aber auch mit mehr Abstand behandelt. Gewiss, so manch eine bewunderte, dass Elisabeth als eine von ihnen es schaffen würde, in den Stand einer Bäuerin aufzusteigen. Das ließ doch hoffen, dass einen auch mal solch ein Glück treffen könnte. Bei anderen, die weniger positiv dachten, mag ein gewisser Neid im Spiel gewesen sein, dass Elisabeth aus dem dienenden Stand in den Bauernstand aufstieg. Wie auch immer, die Großdirn genoss die Zeit des Brautstandes. Besonders glücklich war sie an den Tagen, an denen der Bräutigam sie besuchte. Die Bäuerin hatte ihm nämlich erlaubt, seine Braut ab und an zu sehen, damit sie alles Notwendige für die Hochzeit und für die Übernahme des Hofes besprechen konnten.

Am Faschingsdienstag, dem 18. Februar 1863, war es dann so weit. Die beiden Brautleute, gekleidet in ihr sonntägliches Trachtengewand, schritten vom Thannhof feierlich zur Kirche in Waidring, wo der Pfarrer sie am Altar erwartete. Es war eine kleine Hochzeitsgesellschaft, die ihnen folgte. Als Erstes war es das Bauernpaar vom Thannhof, direkt dahinter schritten die Bauersleute vom Franz. Elisabeths Geschwister waren der Einladung ebenso gefolgt wie die Schwester vom Franz mit ihrem Mann. Natürlich durften auch sämtliche Dienstboten des Thannhofes der feierlichen Trauung beiwohnen. Damit der Hof in dieser Zeit nicht verwaist war, und damit nachher auch pünktlich das Festessen auf dem Tisch stand, hatte man sich von einem Nachbarn die Köchin und die Kucheldirn ausgeliehen. Man feierte nämlich nicht, wie das bei einer »echten« Bauernhochzeit üblich war, im Wirtshaus, sondern in der Stube des Bauern. Ein gewisser Unterschied musste schließlich sein. Dennoch war es ein wunderschönes Fest, von dem alle Beteiligten noch lange zehrten. Nach dem Mittagsmahl gab es für die Braut noch eine Überraschung. Sie hatte geglaubt, den ganzen Weg in ihr neues Zuhause zu Fuß zurücklegen zu müssen. Doch als sie mit ihrem Angetrauten aus dem Haus trat, stand da der Schlitten ihres Herrn, prächtig geschmückt, mit einem aufgeputzten Ross davor. Der Rossinger lud sie ein, einzusteigen, und nahm selbst auf dem Kutschbock Platz. In schneller Fahrt ging es dann der neuen Heimat entgegen. Elisabeth, in warme Schaffelle gehüllt, kam sich vor wie eine Märchenprinzessin, als sie, eng an ihren Mann geschmiegt, die weiße Landschaft an sich vorbeigleiten sah.

An ihrem Ziel angekommen, hob der Franz sie aus dem Schlitten mit den Worten: »Herzlich willkommen, Bäuerin auf dem Spitalerhof!«

Da traten ihr wieder Tränen der Rührung in die Augen. Mit verschleiertem Blick winkte sie dem Rossknecht von Waidring nach. Dann wandte sie ihre Augen dem Hof zu. Nun begann endgültig ihr neues Leben. Zwar kannte sie diesen Hof von Kindheit an, aber nur von Weitem. Jetzt, als sie das Hofgelände zum ersten Mal betrat, war sie überrascht über seine Größe. Auf den ersten Blick gewahrte sie acht oder neun Gebäude. Da war zunächst das stattliche Haupthaus, dessen Erdgeschoss gemauert war. Darüber befanden sich zwei Stockwerke aus Holz. Auch der hintere Teil des Hauses bestand in der oberen Hälfte aus Holz und diente als Rinderstall. Nicht weit davon befanden sich ein Riesenstadl für die Futterbevorratung und die Ställe für das Kleinvieh. Dann gab es noch die große Dreschtenne und mehrere kleine Wirtschaftsbauten, wie Backofen, Waschhaus, ein Holzlager, die Brechelstube (zur Flachsbearbeitung), eine Machkammer (Werkstatt für Holzarbeiten), eine Mühle, einen Getreidekasten, einen Schuppen mit einem Wagen, einer Kutsche, einem Schlitten und Schloapfen (flache schlittenartige

Transportgeräte) und ein Bienenhaus. Ja, sogar eine richtige kleine Kapelle, die wie Schutz suchend unter einem alten Zirbenbaum stand, entdeckte sie bei ihrem Rundgang. Erfreut steuerte sie darauf zu und zog ihren Mann an der Hand mit. Rechts vom Altar in einer Nische knieten die beiden nieder. Beide dankten dafür, dass ihr Gebet erhört worden war und sie hatten heiraten dürfen. Die junge Frau dankte auch dafür, dass sie fortan auf diesem schönen Hof als Bäuerin würde schalten und walten dürfen. Gewiss, alles, was sie bis jetzt draußen erblickt hatte, sah nach viel Arbeit aus. Aber davor schreckte sie nicht zurück. Solange sie gesunde Hände und Füße hatte, wollte sie von der Früh bis spät mit und für ihren geliebten Franz arbeiten.

Mit der Arbeit ging es auch gleich los. Sie tauschten ihr Trachtengewand gegen die Arbeitskleidung und begaben sich in den Stall. Außer dem Ross und den drei Kühen waren einige Jungtiere zu versorgen. Dazu gab es Ziegen, Schafe, Schweine, Gänse und Hühner. Um die Bienen brauchten sie sich noch nicht zu kümmern. Das war eine Arbeit, die würde erst im Sommer anfallen.

Nachdem alle Tiere gut versorgt waren, suchte das junge Paar die Schlafkammer auf, die der

Bräutigam liebevoll für ihren Einzug hergerichtet hatte.

Ein arbeitsreicher Sommer lag vor ihnen. Man musste schließlich alles, was man selbst essen und was man den Durchreisenden vorsetzen wollte, selbst anbauen und ernten, ebenso das Futter für die Tiere. Aber mit Gottes Hilfe gedieh alles, was sie anpackten, und die Liebe zueinander gab ihnen die Kraft dazu.

Ziemlich genau ein Jahr nach der Hochzeit lag das erste Kind in der alten Wiege, die man auf dem Dachboden gefunden hatte, nebst einem Haufen Kindswasch, sodass man dafür kein Geld auszugeben brauchte. Das Kind war aber nicht auf dem Spitalerhof geboren worden, sondern in St. Johann auf dem Hof, in den Elisabeths Schwester Maria eingeheiratet hatte. Sowohl die Hebamme als auch die werdende Mutter hatten das für besser gehalten, damit Mutter und Kind in den ersten Tagen ausreichende Pflege zuteilwerde. Das kleine Mädchen bekam den Namen Maria nach seiner Patentante.

Als sich knapp zwei Jahre später, im Jahre 1866, das zweite Kind anschickte, auf die Welt zu kommen, hatte Franz seine Frau und die kleine Maria rechtzeitig nach St. Johann gebracht. War der Franz schon über die Geburt seines Dirndls glücklich gewesen, so zeigte er noch deutlich mehr Freude, als ihm seine Frau den kleinen Johann in die Arme legte.

Als sie anderthalb Jahre später wieder in der Hoffnung war, sprach die Elisabeth zu ihrem Mann: »Du, Franzl, können wir uns nicht, wenn das dritte Kind da ist, eine Kindsdirn leisten? Ich glaub, ich derpacks nicht mehr.«

»Freilich können wir uns die nun leisten. Es läuft ja alles gut.«

Und das war wahr. Die Äcker gaben genug her, sodass sie und ihre durchreisenden Gäste reichlich zu essen hatten. Die Wiesen warfen so viel Futter ab, dass Franz den Viehbestand beträchtlich hatte vermehren können und sie durch den Verkauf von Schlachtvieh sogar Einnahmen hatten.

So kam mit dem dritten Kind, dem Stefan, geboren im Jahr 1867, eine junge Kindsmagd ins Haus. Stefan jedoch, von Geburt an schwächlich, wollte nicht so recht gedeihen. Als dann der strenge Winter 1867/68 kam, zog er sich eine Lungenentzündung zu. Tagelang kämpften der Doktor, die Mutter und die Kindsmagd mit ihm um sein Leben, doch sie verloren diesen Kampf. Der Schmerz um den Verlust des Buben wurde nur dadurch gelindert, dass Elisabeth erneut

Mutterfreuden entgegensah. Nur wenige Monate, nachdem man den Kleinen zu Grabe getragen hatte, brachte die Spitalerin am 17. Mai 1868 ihr viertes Kind zur Welt. Ein bisschen enttäuscht war sie schon, dass sie ihrem Mann den verlorenen Sohn nicht durch einen neuen ersetzen konnte. Er aber war mit seiner kleinen Elisabeth ganz zufrieden. Ihr Rufname wurde Lisei. Am 17. Januar 1870 gesellte sich noch eine Magdalena zu der Kinderschar, die man Lenei rief. Gut zwei Jahre später kam noch eine Anna hinzu.

»Es tut mir leid, dass es nur noch Dirndln werden«, entschuldigte sich die Spitalerbäuerin bei ihrem geliebten Mann.

»Aber das macht doch nichts«, tröstete er sie. »Wir haben doch einen Stammhalter. Das genügt völlig. Vielleicht ist es sogar gut, dass es nicht mehr Buben sind; den Hof kann ich eh nur einem übergeben.«

Über diese Worte war die fünffache Mutter sehr erleichtert. Es tauchte dennoch ein Problem auf. Die Dirndlkammer würde zu eng werden, wenn die kleine Anna aus der Elternkammer nach dort übersiedeln würde. Also musste eine neue Lösung her. Die sah so aus, dass die Eltern ins Mädchenzimmer zogen, während man die Mädchen in die Kammer der Eltern umquartierte.

Da mit der wachsenden Kinderzahl immer mehr Fratzen zu füttern waren, sah sich der Spitaler genötigt, noch mehr Vieh in seinen Stall zu stellen, was natürlich zusätzliche Arbeit bedeutete. Also stellte er einen Jungknecht ein. Das konnten sie sich mittlerweile leisten. Dennoch musste das Bauernpaar schaffen bis zum Umfallen. Aber das taten sie gern, und es verging kein Abend, an dem sie Gott nicht dankten für die Güte, die er ihnen angedeihen ließ. Und auch die durchreisenden Pilger sahen sie nicht als große Belastung an. Sie empfanden es sogar als interessant, von ihnen immer wieder was Neues zu hören, was draußen in der Welt geschah.

Sobald die Kinder verständig genug waren, mussten sie schon kleine Aufgaben im Haus übernehmen, wie das in allen Bauernfamilien üblich war. Die erste Kindsmagd hatte längst eine Stelle als Unterdirn auf einem größeren Bauernhof angenommen und war durch ein neues Mädchen ersetzt worden.

In ihrem sechsundvierzigsten Lebensjahr fühlte sich die Elisabeth noch einmal Mutter werden, worüber sie gar nicht sehr begeistert war. Nun ja, tröstete sie sich nach einiger Zeit, vielleicht wird es ja doch noch einmal ein Bub. Zu ihrer Enttäuschung kam jedoch Anfang 1874 wieder ein Mädchen zur Welt. Sie nannten es Christine. Bald war die kleine Christine nicht nur der Liebling der Mutter, sondern der ganzen Familie, denn sie war ein sonniges, pflegeleichtes Kind.

Im November 1878, Christine war etwas über anderthalb Jahre alt, kam die Lisei von der Schule nach Hause und rührte lustlos in ihrem Essen herum. Nach dem ersten Schluck legte sie ihre Arme auf den Tisch und den Kopf darauf.

»Was ist los?«, forschte die Mutter.

»Ich bin so müde und kann nicht schlucken.«

Die Mutter fühlte ihre Stirn. »Die ist ja ganz heiß«, stellte sie fest. Da Kinder öfter mal fiebrige Halsschmerzen haben, noch dazu bei dem grauslichen Novemberwetter, dachte sich die Elisabeth nicht viel dabei. Sie steckte Lisei mit einer Wärmflasche ins Bett und flößte ihr Lindenblütentee ein. Weil der Kopf des Mädchens am nächsten Tag noch mehr glühte und sie partout nichts essen wollte, ja selbst den Tee verweigerte und sich sehr schwer mit dem Atmen tat, schickte die Mutter nach dem Arzt. Der schaute dem Kind in den Hals, nickte sehr ernst und sprach ein schlimmes Wort aus: »Diphtherie.«

Diese Krankheit grassiere gerade im Ort, erklärte er, und da sie hoch ansteckend sei, solle die Mutter unbedingt ihre anderen Kinder von der kleinen Patientin fernhalten. Das tat sie dann auch, indem sie die Kranke ins Elternschlafzimmer umbettete. Da war es jedoch für einige der anderen Kinder bereits zu spät. Innerhalb kurzer Zeit klagten auch Lenei und Anna über Halsschmerzen, und selbst die kleine Christine weinte, packte sich immer wieder an den Hals und wollte weder essen noch trinken. Nachdem der Doktor auch bei diesen Kindern die schlimme Diagnose bestätigt hatte, wurde Lisei wieder in die Mädchenkammer zurückverlegt. Das vereinfachte der geplagten Mutter die Pflege. Tag und Nacht saß sie an den Betten ihrer Kinder. Viel mehr, als ihnen Wadenwickel zu machen und verdünnten Apfelsaft einzuflößen, konnte sie nicht tun. Zwischendurch betete sie unablässig.

Der Doktor kam hin und wieder, schüttelte seinen Kopf und murmelte: »Sie sind noch nicht über den Berg.«

Obwohl Marei und Johann noch nicht von der Krankheit befallen waren, durften sie nicht zur Schule gehen, weil sie die Diphtherie hätten übertragen können. Sie kamen gar nicht dazu, die schulfreie Zeit zu genießen, sie mussten in Haushalt und Stall weitgehend die Aufgaben der Mutter übernehmen, weil sich diese ja überwiegend im Krankenzimmer aufhielt.

Zehn Tage, nachdem sich bei Christine die ersten Krankheitszeichen gezeigt hatten, tat sie sich mit dem Atmen so schwer, dass die Mutter sie aus dem Bettchen nahm und aufrecht in der Kammer umhertrug. Doch auch dadurch konnte sie das kleine Leben nicht mehr retten. Das Kind tat noch einen letzten verzweifelten Schnaufer und starb in ihren Armen.

Es bedurfte vieler Tröstungsarbeit vonseiten ihres Mannes, um Elisabeth über den Verlust ihres Kindes hinwegzubringen. In seinem Tod sah die verzweifelte Mutter nämlich eine Strafe dafür, dass sie diesem Kind gegenüber vor seiner Geburt so ablehnend gewesen war.

»Aber geh, Elisabeth, das ist doch Unsinn. Sobald das Kind da war, hast du es doch über alles geliebt.«

»Ja, wenn du meinst«, schluchzte sie, »wahrscheinlich war Christine viel zu gut für diese Welt. Sie war schon immer ein Engel.«

»Genau, und den hat sich Gott nun zurückgeholt.«

»Wer weiß«, sinnierte die Mutter weiter, »was dem Kind alles erspart geblieben ist, indem Gott es aus dieser Welt abberufen hat.«

Ihr Mann war erleichtert, dass sie in diesem Gedanken Trost finden würde. »Genau, Elisabeth«, bestärkte er sie. »Du musst jetzt stark sein für unsere anderen Kinder.«

Das war sie dann auch. Zu ihrer Freude blieben die beiden Ältesten wirklich von dieser furchtbaren Krankheit verschont. Auf ihre Nachfrage erklärte ihr der Arzt, das liege wohl daran, dass die beiden von robusterer Natur seien und dass ihr Körper aufgrund ihres höheren Alters bereits mehr Abwehrkräfte entwickelt habe.

Bis zum Weihnachtsfest hatten dann die anderen Kinder ihre Krankheit weitgehend überwunden. Sie waren allerdings alle noch etwas blass und mager, als sie sich am Weihnachtsabend um die Krippe versammelten, wo ihnen der Vater wie alle Jahre die Weihnachtsgeschichte vorlas. Auch sangen sie schon wieder voller Freude die Weihnachtslieder mit, welche die Mutter mit ihrer klaren Stimme anstimmte.

Von den Lichtmanneggers war auf dem Spitalerhof schon immer viel gesungen worden, und am liebsten hätten die musikalischen Kinder alle ein Instrument gelernt. Aber es war weder das Geld für Instrumente vorhanden, noch um Musikunterricht zu zahlen. Deshalb war die Freude bei allen groß gewesen, als man auf dem Dachboden eine alte Zither fand. Jedes versuchte sich darauf, mit mehr oder weniger »Virtuosität«. Zu

Weihnachten aber war es die Lisei, die die Lieder begleiten durfte, weil sie es - da waren sich alle einig - am besten konnte. Die Mutter freute sich auch, dass ihre Kinder mit Appetit von den Lebzelten aßen, die sie mithilfe von Marei trotz aller Bedrängnis heimlich gebacken hatte.

Als das Frühjahr ins Land zog, hatten alle wieder ihre frische Farbe, runde Bäckchen, runde Arme und runde Beine, wie sich das für Bauernkinder gehört. Und es lief alles wieder, wie es laufen muss.

Da die Schulpflicht mittlerweile von sechs auf acht Jahre erhöht worden war, kam die Marei erst mit vierzehn aus der Schule. Schon Wochen vorher wurde in der Familie die Frage diskutiert, ob man sie zu Hause behalten und dafür die Magd entlassen solle, oder ob man die Magd behalte und die Tochter in fremde Dienste schicke. Schließlich einigte man sich darauf, die Magd zu entlassen, denn Mutter Elisabeth wollte sich noch nicht so früh von einem ihrer Kinder trennen. Ihr selbst war es nämlich noch in schmerzlicher Erinnerung, dass es ihr gar nicht so angenehm gewesen war, so früh aus dem Nest geworfen zu werden.

Als zwei Jahre danach der Johann aus der Schule entlassen wurde, erhob sich die Frage erst gar nicht, ob er gehen oder bleiben solle. Es war selbstverständlich, dass er als Hilfe für den Vater auf dem Hof blieb, zumal dieser zu jenem Zeitpunkt nicht mehr ganz so jung war und es als wichtig erachtete, sich seinen Nachfolger selbst heranzubilden.

Wieder zwei Jahre später entschloss sich die Marei dann doch dazu, in einen fremden Dienst zu treten. Bei diesem Vorhaben kam ihr ein Zufall zu Hilfe. Ein Viehhändler erschien, um dem Bauern zwei Kalbinnen abzukaufen. Der sprach davon, dass er in Kössen einen Bauern wisse, der dringend eine Jungmagd suche. Das hörte die Marei und erklärte sich sogleich bereit dazu. Der Mutter war das recht. Denn mittlerweile hatte die Lisei die Schule hinter sich gebracht und konnte zu Hause die Stelle der Schwester einnehmen.

Inzwischen schrieb man das Jahr 1882. Es war ein guter Sommer gewesen, und man hatte eine gute Ernte einbringen können. Nur noch die Erdäpfel, wie man die Kartoffeln nannte, waren auszugraben. Aber das hatte noch einige Wochen Zeit. Auch alles, was auf den Bäumen hing, die Äpfel, die Birnen und Zwetschgen, durfte ruhig noch eine Weile hängen bleiben. Was noch im Garten zu ernten stand, war eh

Sache der Weiberleut. Auf die Mander warteten weitaus anstrengendere Aufgaben, nämlich die Holzbringung, auch Holzschlägerung genannt. Mit diesen Begriffen meinte man alles, was irgendwie mit der Holzgewinnung zu tun hatte. Die Holzschlägerung war nicht nur eine sehr mühsame Arbeit - es musste alles händisch erledigt werden, mit Axt und Säge –, sie war auch eine besonders gefährliche, zumindest einige Arbeitsgänge davon. Schon manch ein Bauer war beim Fällen eines Baumes oder beim Holztransport per Pferdeschlitten zu Tode gekommen.

Im August, dem Erntemonat, hatte die Sonne vom wolkenlosen Himmel geschienen, wofür jeder Bauer dem Herrgott sehr dankbar gewesen war. Am 1. September aber wachte der Franz auf, blinzelte hinaus und sagte zu seiner Frau: »Du, Elisabeth, es trübt sich ein. Jetzt wird es Zeit, die Riese zu bauen, damit sie fertig ist, wenn der Regen einsetzt und wir unser Holz treiben können.«

Die Frau wusste genau, was er damit meinte, und sie wusste auch, dass es sein musste. Aber es war ihr nicht wohl bei diesem Gedanken. Als Vater Lichtmannegger sich mit seinem Sohn, der mittlerweile zu einem kräftigen jungen Mann herangewachsen war, zur Holzschlägerung aufmachte, murmelte sie: »Gott schütze euch.«

An diesem 1. September stand jedoch keine gefährliche Arbeit an. Es galt ja nur die Riese zu bauen. Die wirklich gefährlichen Arbeiten für diesen Sommer lagen längst hinter ihnen. Ab dem Juni hatten sie bereits - wann immer die Feldarbeit es zuließ - eine große Menge stattlicher Fichten gefällt. Das sommergeschlägerte Holz ließ sich nämlich im Winter zu einem guten Preis als Nutzholz verkaufen. Auf diese Weise sollte wieder Bargeld in die Familienkasse kommen. Deren Bestand war nämlich ziemlich zusammengeschmolzen, nicht zuletzt durch die vielen Arztkosten.

Die frisch gefällten Bäume hatten Vater und Sohn an Ort und Stelle entastet und die Rinde mit dem Schinder - so nannte man das Schäleisen - sorgfältig gelöst, damit die Stämme ziemlich glatt wurden.

Auch hatten sie diese bereits in Bloche, die man auch Hötzel und in Bayern Prügel nennt, zersägt, in vier Meter lange Stücke, wie sie als Sagholz sein sollten. Nun war also nur noch die Riese zu bauen. Riese war im Jochberger Gebiet die Bezeichnung für eine Holzrinne, die überwiegend aus dünnen Hötzeln locker zusammengebaut war. In anderen Gegenden nennt man so etwas eine Loite. In dem steilen und unwegsamen Gelände war eine Riese unbedingt erforderlich. Wie sonst hätte man die unhandlichen schweren Bloche unbeschadet zu Tal bringen sollen? Bei feuchtem Wetter würden sie in der Rinne problemlos hinunterrutschen, ohne dass man sich allzu sehr abplagen musste.

Auf einer relativ ebenen Fläche oben am Berg hatten die beiden Lichtmanneggers die Bloche bereits so aufgegantert, also gestapelt, dass ein einzelner Mann sie mithilfe seines Sabbi in die Riese ziehen konnte. Ein Sabbi muss man sich ähnlich vorstellen wie eine Axt, nur dass sie anstelle der Schneide ein langes, schmales Eisenstück hat. Dieses schlägt man in das Holz, wo es wie ein Widerhaken hängen bleibt. So lässt es sich relativ leicht in die Gleitrinne ziehen. Die Kunst besteht allerdings darin, eine gute Riese zu bauen. Diese Kunst hatte Franz Lichtmannegger schon in jungen Jahren von seinem Bauern gelernt. Nun wollte er sie seinem Sohn weitervermitteln. Der stellte sich auch ganz gelehrig an, und bis zum Abend hatten sie ihr Werk vollendet. Zu ihrer Freude fing es in dem Moment sogar an zu regnen. Um zu sehen, ob die Loite auch tatsächlich funktioniere, ließen sie schon mal einen Prügel hinabsausen.

Leider ließ sich die Holzrinne, die etwa fünfzig Meter lang war, von oben her nicht in voller Länge überblicken. Man sah noch nicht mal bis zur Kurve, die sie auf halbem Weg hatten einbauen müssen, weil das Gelände es nicht anders erlaubte. Sie hatten aber Glück, ihre Versuchs-Bloche passierte die kritische Stelle anstandslos und landete wie vorgesehen am Abfuhrweg. Daselbst legten sie den ersten Prügel so an den Wegesrand, dass man am folgenden Tag die anderen gleich daneben und darauf gantern könne. Von dort würde man sie – sobald die Schneedecke dick genug war – mit dem Pferdeschlitten weiter nach unten transportieren, nämlich zum Holzhändler oder gleich zum Sägewerk.

Der nächste Morgen, es war der zweite September, schien dem Bauern wie geschaffen für sein Vorhaben. Es ging ein sanfter Regen nieder. Es regnete genug, dass die Hötzel gut rutschen würden, aber nicht zu stark, sodass man bei der Arbeit nicht zu nass würde.

Bevor ihre beiden Männer das Haus verließen, zeichnete ihnen Elisabeth wieder ein Kreuz auf die Stirn. Dabei seufzte sie: »Froh bin ich, wenn ihr wieder zurück seid. Dann ist erst mal Ruhe mit dem Holz. Bis genug Schnee liegt für den Abtransport, wird es noch eine Weile dauern.«

»Heute brauchst dir gewiss keine Sorgen zu machen«, versuchte der Franz sie zu beruhigen. »Die gefährlichen Arbeiten sind längst erledigt. Heute lassen wir nur die Hötzel über die Riese sausen. Das ist das reinste Kinderspiel.«

Trotz dieser Worte schaute die Elisabeth ihren Männern besorgt nach, bevor sie sich an ihre Arbeit machte.

Am Spätnachmittag saß Elisabeth mit ihren Töchtern in der Küche beim Bohnenausfieseln, also dem Palen der Bohnen, wobei sie munter alle Lieder sangen, die sie in der Schule gelernt hatten. Plötzlich wurde die Tür aufgerissen. Der Gesang verstummte schlagartig, und alle Blicke wanderten zur Tür.

»Mutter, Mutter ...«, stieß der Johann atemlos hervor.

Elisabeth sprang auf. »Ist was mit dem Vater?«

»Verunglückt!«

»Jesus und Maria!« Erbleichend ließ die Lichtmanneggerin sich wieder auf ihren Stuhl fallen. »Lebt er noch?«

Der Sohn nickte und ließ sich schwer keuchend auf die Eckbank sinken. Die Mutter erkannte, dass sie ihm keine weiteren Fragen zu stellen brauchte. Er musste den ganzen Weg rennend zurückgelegt haben und war viel zu sehr außer Atem, um sie beantworten zu können.

Nach einigen Schrecksekunden funktionierte die Bäuerin wieder, aber nur mechanisch, wie ein Uhrwerk. Sie füllte einen Becher mit Wasser und stellte ihn dem Sohn hin, der ihn in einem Zug leer trank, als er wieder halbwegs normal schnaufen konnte. Unterdessen hatte Elisabeth ihre Anweisungen gegeben: »Lisei, lauf zum Doktor und bring ihn her. Johann, du spannst das Ross vor den Barfußschlitten, und ich suche ein paar Decken und Seile zusammen.«

Während Mutter und Sohn sich mit Pferd und Schlitten in Richtung Wald bewegten, konnten sie sich auch nicht ausführlich unterhalten; sie brauchten ihren Atem fürs Steigen, da es ziemlich steil bergauf ging. So viel aber erfuhr die besorgte Ehefrau: Ihr Mann war am Fuße der Riese von einem Prügel überrollt worden und nicht mehr in der Lage gewesen aufzustehen. Als sie bei ihm ankamen, war er bereits bewusstlos. Elisabeth breitete zwei von den Decken auf dem Schlitten aus. Dann hoben sie mit vereinten Kräften den ohnmächtigen Mann darauf. Zwei weitere Decken legte sie sorgfältig über ihn und band ihn mitsamt den Decken auf dem Schlitten fest, damit er auf dem holprigen Weg nicht hinunterrutschen konnte. Schweigend und in tiefer Sorge legten sie den Heimweg zurück.

Als das traurige Gefährt in den Hof einbog, traf auch gerade der Doktor mit seiner Kutsche ein. Stolz thronte Lisei neben ihm auf dem Kutschbock.

Der Arzt fühlte den Puls des Verunglückten, er hob eines seiner Augenlider, betastete den Brustkorb und die Beine und besah und befühlte den Kopf von allen Seiten. »Es sieht sehr ernst aus«, äußerte er schließlich. »Hier kann ich leider nichts für ihn tun. Er muss umgehend ins Spital. Damit wir keine Zeit verlieren, werde ich ihn eigenhändig hinbringen. Du fährst am besten mit, Elisabeth. Den Pfarrer sollten wir vorsichtshalber auch gleich mitnehmen.«

Zu dritt hoben sie den Verletzten vorsichtig in die Kutsche des Arztes und betteten ihn auf die vordere Sitzbank. Die Bäuerin setzte sich auf die rückwärtige Bank, nachdem sie ihren Kindern einige Anweisungen gegeben hatte. Im Dorf ließen sie den Herrn Pfarrer zusteigen. Dann ging es in schneller Fahrt Richtung St. Johann. Kaum, dass sie in den Vorhof des Spitals eingefahren waren, liefen zwei Männer mit einer Trage herbei, auf die sie den Bewusstlosen legten.

Es war das erste Mal in ihrem Leben, dass Elisabeth ein Krankenhaus betrat. Ein eigenartiger Geruch wehte ihr entgegen, von dem ihr fast übel wurde. Im Nu waren die Trage mit ihrem Franz sowie der Hausarzt hinter einer der vielen Türen verschwunden. Die Spitalerin und der Pfarrer nahmen auf zwei von den Stühlen Platz, die auf dem Gang standen. Auch wenn sie nicht viel miteinander redeten, war es für Elisabeth eine Beruhigung, den Pfarrer an ihrer Seite zu wissen. Dadurch kam sie sich nicht so verlassen vor.

Nach einiger Zeit, die ihr wie eine Ewigkeit erschien, wurden sie in den Raum gerufen, in dem Franz lag, totenblass. Es schien kaum noch Leben in ihm zu sein.

»Hochwürden, Sie können ihm jetzt die Letzte Ölung geben«, sagte einer der Spitalärzte.

»Ist keine Hoffnung mehr?«, fragte Elisabeth mit zitternder Stimme. Die Ärzte schüttelten den Kopf.

Nachdem der Geistliche dem Patienten das Sakrament gespendet hatte, betete er mit der verstörten Ehefrau ein Vaterunser. Kurz danach tat der Spitaler Bauer seinen letzten Atemzug.

»Um Gottes willen!«, klagte die Frau. »Jetzt wird seine arme Seele keine Ruhe finden, weil er ohne Beichte und ohne Kommunion hat sterben müssen.«

»Gräm dich deswegen nicht«, sprach ihr der geistliche Herr gut zu. »Der Franz war ein so guter Mensch und hat stets so gottesfürchtig gelebt, dass er auf seine Sterbestunde bestens vorbereitet war. Der liebe Gott holt ihn gewiss sofort zu sich in den ewigen Frieden.«

Diese Worte trösteten die junge Witwe einigermaßen. Die Ärzte erklärten ihr noch, was sie als Todesursache annahmen, und sie versicherten ihr, der Leichnam könne bis zum Tag der Beerdigung im Spital bleiben. Von dort könne er dann direkt mit dem Leichenwagen zum Friedhof gebracht werden.

Inzwischen war es Abend geworden. Deshalb war Elisabeth froh, dass der Arzt sie wieder mit der Kutsche, in der auch der Priester mitfuhr, nach Hause brachte. So konnte sie mit diesem gleich alles Notwendige wegen des Begräbnisses besprechen. Aber noch lag eine sehr schwere Aufgabe vor ihr: Sie musste ihren Kindern die Nachricht überbringen, dass sie ihren Vater verloren hatten, und sie, die bisher alles so tapfer durchgestanden hatten, ließen vom Jüngsten bis zum Ältesten ihren Tränen freien Lauf.

Schon am nächsten Tag brachte Elisabeth wieder die Kraft auf, alles zu regeln und zu organisieren. Die älteste Tochter in Kössen oder die übrige Verwandtschaft zu benachrichtigen, erübrigte sich, denn sie wusste, dass sich solche Neuigkeiten ohne jegliches Zutun von selbst ausbreiteten. Da konnte man sich auf die Hausierer und Viehhändler voll verlassen. Bereits am nächsten Tag erschien Marei auch schon zu Hause und packte überall dort mit an, wo es nötig war. Für die Mutter war das eine große Erleichterung.

Es war ein langer Trauerzug, der dem Sarg des Franz Xaver Lichtmannegger folgte, denn ob seiner freundlichen Art war er in der ganzen Gemeinde beliebt gewesen. Selbst sein ehemaliger Arbeitgeber, der inzwischen ein alter Mann geworden war, hatte es sich nicht nehmen lassen, an der Beerdigung teilzunehmen. Aber auch alle Verwandten, sowohl die von ihrer Seite als auch die von seiner Seite, waren von nah und fern herbeigeeilt. Wenn man auch sonst wenig Kontakt untereinander pflegte, weil jeder einen strengen Arbeitstag hatte, zeigte sich doch ein lebendiger Familiensinn, wenn es etwas zu feiern gab oder wenn ein Unglück geschehen war.

Nach dem Begräbnis kehrte man im Schwarzen Adler zur Zehrung ein, wo sich die Trauergäste zunächst lebhaft unterhielten. Dann wollte einer von der Witwe wissen, wie denn der Unfall vom Franz passiert sei. Sie gestand, dass sie das selbst noch gar nicht in allen Einzelheiten wusste, und verwies ihn an Johann. Damit der den Unfallhergang nicht wieder und wieder erzählen müsse, stieß einer der Onkel zwei Bierkrüge gegeneinander und verkündete mit lauter Stimme: »Der Johann wird euch jetzt erzählen, wie das mit seinem Vater passiert ist. Seid also alle mal still.«

Mit einem Schlag war es so ruhig im Saal, dass man eine Stecknadel hätte fallen hören.

»Der Vater und ich hatten den ganzen Tag lang über die Riese Holz zu Tal befördert«, begann Johann, nachdem er sich geräuspert hatte. »Ich stand oben und zog die Hötzel hinein, während der Vater die Strecke beobachtete, um eingreifen zu können, wenn ein Prügel sich verhaken sollte. Nach jedem Stück wartete ich, bis mir der Zuruf des Vaters anzeigte, dass die Rinne frei war. Dann rief ich: ›A großa‹, um ihn zusätzlich zu warnen.«

Der Sohn des Verunglückten hatte zaghaft angefangen, doch während er sprach, wurde seine Stimme kräftiger, und seine Sätze kamen flüssiger heraus.

»Das klappte einwandfrei«, fuhr er fort. »Zwischendurch gingen wir beide immer wieder mal nach unten, um die Hötzel aufzugantern und damit Platz zu schaffen für weitere. Alles lief bestens. Ehe ich meinen letzten Prügel anstieß, rief ich: ›Vater, jetzt kommt der letzte.‹«

Er überlegte kurz.

»Meiner Meinung nach muss der Vater noch abgewartet haben, bis dieser an ihm vorbei war«, versuchte er dann den Teil des Geschehens zu rekonstruieren, den er nicht selbst mit angesehen hatte. »Und danach muss er nach unten gegangen sein, um das Holz wegzuräumen. Denn als ich noch beim Runtergehen war, hörte ich von unten einen Aufschrei. Sofort rannte ich, was ich konnte, ans untere Ende der Riese. Dort fand ich den Vater auf dem Rücken liegend vor, mit einem Hötzel quer über seinem Bauch. Von diesem muss er überrollt worden sein, als er den davor liegenden Prügel weggezogen hat, in dem sein Sabbi noch steckte.«

Der Vater habe ihm sogleich Anweisungen gegeben, wie er mit seinem Sabbi den Prügel von ihm herunterziehen solle. Nachdem Johann das gelungen war, versuchte er aufzustehen, schaffte es aber nicht. »Meine Beine! Meine Beine! Mein Bauch! Mein Bauch!«, jammerte er nur. »Lauf zum Hof und hol den Schlitten!«

Ohne sich lange zu besinnen, war Johann da losgerannt.

Um die noch offenen Fragen zu beantworten, berichtete Elisabeth nun, was ihr die Ärzte erzählt hatten. Durch die Wucht, mit der die Bloche über den Franz gerollt war, waren nicht nur beide Schienbeine gebrochen, es waren auch innere Verletzungen im Bauchraum aufgetreten. Durch diese sei er innerlich verblutet. Sein Kopf habe durch den Aufschlag auf einen Stein möglicherweise ebenfalls lebensgefährliche Verletzungen erlitten.

Erschüttert von dem tragischen Ereignis boten sich zwei ältere Cousins vom Johann an, ihm am übernächsten Tag beim Aufgantern des restlichen Holzes behilflich zu sein und mit ihm gemeinsam die Riese abzubauen, weil das ja auch gutes Holz war, das mitverkauft werden sollte. Sie versprachen sogar, ihm im Winter beim Abtransport des Holzes zu helfen. Dafür war ihnen Elisabeth unendlich dankbar.

Viel Zeit zum Trauern blieb der Spitalerin und ihren Kindern nicht. Nachdem sich die Trauergemeinde verlaufen hatte, hieß es für sie, nach Hause zu gehen, um das Vieh zu versorgen.

Am nächsten Tag lag ein schwerer Gang vor der Witwe Lichtmannegger. Mit Johann, ihrem einzigen Sohn, machte sie sich auf den Weg zum Benefizium in der Weitau. Dort wollte sie klären, wie es mit ihnen auf dem Spitalerhof weitergehen solle. Der Benefiziat empfing sie freundlich, sprach beiden sein Beileid aus und erklärte, er habe ihren Besuch erwartet, seit er von dem tragischen Unfall Kenntnis erlangt habe.

Zunächst schilderte Elisabeth die landwirtschaftliche Geschicklichkeit ihres Sohnes. Dann betonte sie, dass sie mit ihm und einem erfahrenen Knecht durchaus in der Lage sei, den Hof weiter zu bewirtschaften. Der geistliche Herr lächelte zwar gütig, meinte aber, dass ein Sechzehnjähriger mit der Führung eines solchen Hofes überfordert sei. Abgesehen davon dürfe er mit einem Minderjährigen keinen Vertrag abschließen.

Genau das hatte Elisabeth befürchtet. Denn ihr war klar, dass sie als Frau eh nicht zählte. »Aber was sollen wir jetzt machen?«, stieß sie in ihrer Verzweiflung hervor.

»Ich bin kein Unmensch. Bis zum Frühjahr könnt ihr noch auf dem Hof bleiben. Gewiss habt ihr die Stadl und Vorratskammern bereits gut gefüllt, sodass ihr über den Winter euer Auskommen habt. Damit bleibt euch Zeit, euch nach einer Lösung umzusehen. Die Kinder sind ja zum Glück nicht mehr so klein; sie werden bestimmt bald unterkommen. Und du selbst bist auch noch rüstig genug, um eine Stelle als Dienstmagd zu finden.«

Wie versteinert hörte sich die Witwe das an. Dann bedankte sie sich für seine Güte und wankte mehr, als dass sie ging, auf den Arm ihres Sohnes gestützt, aus dem Gebäude. Eigentlich hatte sie gar nichts anderes erwarten können. Von Anfang an war ihr klar gewesen, dass sie ohne ihren Mann kein Recht hatte, auf dem Hof zu bleiben. Irgendwie hatte sie wohl an ein Wunder geglaubt.

Nachher wusste sie nicht, wie sie den Weg nach Hause geschafft hatte. Dort erledigte sie wieder mechanisch all ihre Arbeiten und suchte schließlich ihr Lager auf. Aber einschlafen konnte sie lange nicht. Alles, was sie in den letzten vier Tagen durchgemacht hatte, stürzte auf sie ein. Erst jetzt wurde sie sich ihres Verlustes voll bewusst. Es war nicht nur der geliebte Mann, den sie verloren hatte, es war vor allem der Ernährer, den sie alle verloren hatten, und sie wusste nicht, wie es weitergehen sollte. Endlich kamen die erlösenden Tränen. Sie schwemmten alles fort, ihren ganzen Kummer, ihre Verzagtheit, ihr Verlassensein, ihre Zukunftsangst. Und auf einmal war sie eingeschlafen.

Doch am nächsten Morgen stürmte wieder alles auf sie ein. Wie schnell würde der Winter vorbei, wie schnell würden die Vorräte aufgebraucht sein! Dann mussten sie den Hof verlassen, der ihr seit achtzehn Jahren Heimat war, auf dem die Kinder aufgewachsen waren und den diese als ihre Heimat ansahen. Nur wenige Monate blieben ihnen, dann würde die Familie endgültig auseinandergerissen. Dann hatten die Kinder kein Zuhause mehr, und sie selbst war heimatlos. Wo sollte sie hingehen? Und was sollte aus ihren zwei jüngsten Töchtern werden? Die waren doch erst zwölf und zehn Jahre alt. Die konnte man doch noch nicht in Dienst schicken, also würde sie die beiden wohl in Pflege geben müssen. Dann würden nach kurzer Zeit ihre Ersparnisse aufgebraucht sein. Was dann, wenn sie kein Pflegegeld mehr zahlen konnte? Ihr würde dann nichts anderes übrig bleiben, als sie von der Gemeinde »ausstiften« zu lassen. Das bedeutete, dass der »Armenvater« der Gemeinde, also der Bauer, der die Armenkasse verwaltete, sie auf irgendeinem Hof unterbringen würde. Um der Gemeinde Geld zu sparen, würde er sie demjenigen Bauern geben, der mit dem geringsten Unterhaltsbeitrag zufrieden war. Dass ihren Dirndln dann nichts Gutes blühte, konnte sie sich lebhaft vorstellen. Darüber hatte man schon schlimme Dinge gehört.

Und was sollte nur aus ihr selbst werden? Es war äußerst fraglich, ob sie mit ihren dreiundfünfzig Jahren überhaupt noch eine Anstellung finden würde. Vielleicht, wenn ihre Geschwister erfuhren, wie es um sie stand, würden sie ihr anbieten, sie bei sich aufzunehmen. Allerdings kamen von ihnen dafür nur zwei infrage, nämlich die Schwester und der Bruder, die das Glück gehabt hatten, einzuheiraten. Die anderen waren selbst ihr Leben lang in dienender Stellung geblieben und mussten sich glücklich schätzen, wenn man ihnen im Alter das Gnadenbrot gewährte. Auf den ältesten Bruder, der daheim den Hof übernommen hatte, konnte sie keinesfalls rechnen. Denn der hatte schon längst übergeben und musste froh sein, auf seinem eigenen Hof geduldet zu werden.

Falls man ihr nicht aus freien Stücken Unterschlupf anbot, sollte sie sich dann dazu herablassen, darum zu betteln? Sie, die so stolz gewesen war, Bäuerin zu sein? Letztlich würde ihr gar nichts anderes übrig bleiben. Was aber, wenn beide »Nein« sagten? Sollte sie aber auf dem Hof von einem ihrer Geschwister Aufnahme finden, egal, ob sie es von sich aus anboten oder ob sie darum nachgesucht hatte, es würde gewiss kein Honigschlecken sein, als alte, überflüssige Tante auf dem Hof geduldet zu werden.

Die andere Möglichkeit, die ihr blieb, sah noch trostloser aus. Sie wäre dann gezwungen, sich in eigener Sache an den Armenvater zu wenden. Seine Aufgabe bestand nämlich nicht nur darin, heimatlose Kinder auf Höfe zu vermitteln, sondern auch arme, alte und bresthafte Leute, die keine Angehörigen mehr hatten. Er musste Bauern ausfindig machen, die bereit waren, gegen einen geringen Betrag aus der Armenkasse die Versorgung solcher Menschen zu übernehmen. Dabei konnte man noch von Glück reden, wenn man bis zu seinem Tode in einer Familie bleiben konnte. Ihr war nämlich von Fällen zu Ohren gekommen, wo alte Leute von Haus zu Haus weitergereicht wurden, bis sie endlich auf dem Friedhof ihre letzte Ruhe fanden.

Solche Gedanken gingen ihr beim Melken der Kühe durch den Kopf. Als sie die Tiere danach hinaus auf die nahe gelegene Weide trieb, musste sie an der hofeigenen Kapelle vorbei. Ihr kam in den Sinn, dass am nächsten Tag der 8. September sein würde, also das Fest Mariä Geburt, und sie begab sich, nachdem sie das Gatter zur Kuhweide geschlossen hatte, in den

Garten und schnitt die schönsten Astern ab. Diese ordnete sie in eine Vase, brachte sie in die Kapelle und kniete sich in die vorderste Bank. Inbrünstig wie nie betete sie. Danach fühlte sie sich wunderbar getröstet. Sie kehrte ins Haus zurück, wo ihre Kinder bereits mit traurigen Mienen um den Frühstückstisch versammelt waren. Lisei wuchtete gerade die schwere Eisenpfanne mit dem dampfenden Mus in die Mitte des Tisches. In der Pfannenmitte hatte sie eine Grube gemacht, in die sie geschmolzene Butter gegossen hatte. Nun machte sich jedes mit seinem Löffel am Pfannenrand eine eigene kleine Grube. In diese schöpfte Lisei ganz gekonnt für jedes zwei oder drei Löffel von der zerlassenen Butter.

»Seid nicht traurig, Kinder«, sagte die Mutter in die Runde, bevor sie zu essen begannen. »Der Vater sitzt zwar nicht mehr mit uns am Tisch, aber vom Himmel her schaut er uns zu. Er freut sich, wenn ihr mit gutem Appetit esst, damit ihr bei Kräften bleibt. Und hernach, wenn er sieht, dass jedes von euch seine Tagesarbeit ordentlich erledigt, freut er sich noch mehr.«

Nach dieser Morgenrede der Mutter, die für alle etwas Außergewöhnliches war, sprachen sie gemeinsam das Tischgebet und machten sich alle tatsächlich mit fröhlichem Gesicht und einem gesegneten Appetit über das Essen her. Danach war es für die beiden »Kleinen« an der Zeit, sich auf den Schulweg zu machen. Kaum dass sie das Haus verlassen hatten, erschienen schon die beiden Cousins und zogen mit Johann in den Wald, wie sie es versprochen hatten. Lisei räumte die Küche auf und spülte ab, während es für Mutter Elisabeth in Haus und Stall eine Menge zu tun gab. Immer wieder musste sie dabei denken, dass ihre Familie nun bald in alle Winde verstreut sein würde.

Aber war das nicht das Los aller Mütter? Über kurz oder lang lösten sich doch alle Familien auf, weil sich die Kinder bei fremden Leuten ihr Brot verdienen mussten oder weil sie einen eigenen Hausstand gründeten.

Die Zuversicht, die die Bäuerin beim morgendlichen Gebet gewonnen hatte, begleitete sie den ganzen Tag. Ja, sie versetzte sie sogar in die Stimmung, wieder zu singen. »Mutter, du singst ja, wo der Vater erst zwei Tage unter der Erde liegt!«, sagte Lisei ihr mit leisem Vorwurf in der Stimme. »Und wo du weißt, dass die Familie bald zerrissen wird!«

Da berichtete ihr die Mutter von dem Trost, den sie am Morgen empfangen hatte, Lisei hörte erst zu, dann stimmte sie aus vollem Herzen in den Gesang der Mutter mit ein.

Am nächsten Morgen besuchte Elisabeth gleich nach der Stallarbeit mit all ihren Kindern die Kapelle. Sie knieten sich in die engen Bänke, und jedes sandte still inständige Gebete zum Himmel. Nach einiger Zeit erhob sich die Mutter und stimmte ein Lied an. Alle Kinder fielen in den Gesang ein und sangen mit Inbrunst sämtliche Strophen.

Einige Wochen waren vergangen, da erschien der Viehhändler auf dem Hof, an den der Franz schon so einige Kühe und Kälber verkauft hatte. Elisabeth befand sich gerade mit Johann und Lisei auf dem Acker mit den Erdäpfeln. Johann grub sie aus, Mutter und Tochter sammelten sie in Körbe. Beim Erscheinen des Besuchers richteten sich alle auf und nutzten die unfreiwillige Pause, um ihren Rücken zu strecken.

Er habe von dem schrecklichen Unglück gehört, eröffnete der Händler das Gespräch und sprach den dreien sein Beileid aus. Dann kam er gleich zur Sache: Ob das stimme, dass die Familie den Hof bald verlassen müsse. Elisabeth bejahte es seufzend. Da wolle sie doch gewiss vorher den ganzen Viehbestand verkaufen, denn wie er vom Franz wisse, sei der ihr Privateigentum.

Dass der Privatbesitz sei, das stimme, antwortete sie, aber verkaufen wolle sie die Tiere vorerst nicht. Sie wolle abwarten, ob der neue Pächter sie - natürlich gegen Bezahlung - übernehmen werde.

»So lang willst du dir also noch die viele Arbeit antun?«

»Freilich, wir leben doch von dem Vieh. Außerdem sind die Stadl noch voll Futter.«

»Und wenn es keinen neuen Pächter gibt?«

»Wie kommst jetzt darauf?«

»Ich habe läuten hören, dass sich bis jetzt noch niemand um den Spitalerhof beworben hat. Außerdem habe ich gehört, dass es dem Benefizium zu viel wird, sich um alle seine Besitztümer zu kümmern. Deshalb sollen sie schon Höfe verkauft haben, die frei wurden.«

»Jammerschade, dass wir nicht das Geld haben, diesen Hof zu kaufen«, seufzte Elisabeth. »Aber egal, wahrscheinlich ist ein neuer Besitzer ebenfalls an dem Viehbestand interessiert.«

»Und wenn nicht? Denkst dann an mich? Ich zahle gut, das weißt ja.«

»Du kannst ja im Jänner noch mal bei uns nachfragen.«

Der Viehhändler hatte noch ein weiteres Anliegen. »Man fragt mich immer wieder, ob ich nicht einen Knecht oder eine Magd wüsste. Wie ist es?«, wandte er sich direkt an Johann und an Lisei. »Möchtet ihr nicht bald in Dienst gehen?«

»Und ob sie das möchten!«, antwortete an ihrer Stelle die Mutter. »Sie möchten nicht nur, sie werden müssen, so wie die Dinge liegen.«

Erfreut rieb sich der Händler die Hände. »Da hätte ich etwas Passendes für den jungen Herrn. Das liegt allerdings im Bayerischen.«

»Lass hören«, antwortete der Bursche. »In unserer Lage darf man nicht wählerisch sein.«

»Das wäre in Egmating, nicht allzu weit von München. Es ist kein sehr großer Hof, aber sie bräuchten einen tüchtigen Knecht, der schon ein bisserl Erfahrung mit der Landwirtschaft hat. Wie ich seh', bist recht kräftig, und dein Vater war gewiss kein schlechter Lehrmeister.«

Für die Lisei wusste er eine Stelle in Kössen. »Das wäre gar nicht verkehrt«, hakte die Mutter sofort ein. »Dann wäre sie in der Nähe ihrer großen Schwester und käme sich nicht gar so verlassen vor.«

Anstelle seiner Auftraggeber besiegelte er den Vertrag gleich mit Handschlag und überreichte der erfreuten Bäuerin sogar ein Drangeld.

Dadurch ermuntert fragte sie: »Weißt nicht auch für mich eine Stelle? Vielleicht sogar eine, wo ich meine beiden Dirndln, zehn und zwölf Jahre alt, mitbringen kann?«

Der Mann schob seinen Hut zurück, sodass seine prächtige Glatze zum Vorschein kam, an der er sich kratzte, als ob das all seine Weisheit hervorlocken könnte.

»So direkt gefragt sind Leute deines Alters nicht«, gestand er ein. »Meine Aufträge lauten alle ausdrücklich: eine Jungdirn oder einen Jungknecht. Weißt, die können sich die Bauern noch ziehen, wie sie sie haben wollen. Die sind auch noch gesünder und arbeiten um geringeren Lohn. Aber ich werde mich mal umhören.«

Nach einer Woche war der Viehhändler wieder da. »Also für das ältere Dirndl hätt' ich eine Stelle, in Reit im Winkl. Das liegt zwar in Bayern, aber nur einen Steinwurf weit von Kössen entfernt.«

»Und was wären da seine Aufgaben?«, wollte die Mutter wissen.

»Ab Februar brauchen die eine Kindsmagd. Es tät nichts ausmachen, dass euer Dirndl noch in die Schule geht. Gegen Kost und Logis im ersten Jahr täten sie es nehmen. Und da in Bayern die Schulpflicht nur sieben Jahre beträgt, wär es ja nach einem Jahr eh schon eine volle Arbeitskraft. Ab da würden sie den üblichen Lohn zahlen.«

»Damit wär wenigstens schon mal die eine unter«, seufzte Elisabeth. Jetzt blieb ihr nur noch die Sorge um ihre Jüngste und um sich selbst. Ein paar Ersparnisse hatte sie noch, und wenn sie ihr Vieh gut verkaufen konnte, würde sie damit wohl eine Weile leben können. Aber wo? Sie brauchten ja ein Dach überm Kopf. Wenn auch sehr schweren Herzens, sie würde doch mal bei ihrer Schwester anfragen müssen. Diesen Schritt verschob sie aber von einem Tag auf den anderen, immer noch in der Hoffnung, dass ihre Schwester von sich aus auf sie zukommen würde, wie damals, als sie ihr angeboten hatte, ihre Kinder bei ihr auf die Welt zu bringen. Das war allerdings etwas ganz anderes gewesen. Da war jedes Mal abzusehen, dass es sich nur um ein paar Tage handelte. Damals war sie auch noch die Herrin auf dem Hof gewesen, den sie inzwischen längst an den Sohn übergeben hatte. Vielleicht besann sich aber auch ihr Bruder darauf, seiner Schwester ein Obdach zu gewähren?

Der Oktober war von jeher ein Monat besonderer Frömmigkeit. Da hatte die ganze Familie Lichtmannegger – wie das auch bei vielen anderen Familien der Brauch war – immer am Abend in der Stube gemeinsam gebetet, während gleichzeitig jeder seine ihm zugeteilte Arbeit verrichtete. Diesen Brauch hielt die Elisabeth auch aufrecht, nachdem ihr Mann gestorben war, ja, jetzt erst recht. Denn wenn ihnen Hilfe zuteilwerden sollte, dann doch nur von oben.

Es gab Pfarreien, die im Oktober Wallfahrten unternahmen. An solchen hatten auch der Franz und die Elisabeth teilgenommen, wann immer ihre Zeit es zugelassen hatte. Dazu hatten sie auch das eine oder andere Mal eines der Kinder mitgenommen, sobald es kräftig genug war für einen langen Fußmarsch. So hatte die Elisabeth mit ihrem Mann schon mehrmals die Gnadenstätte im Jochbergwald besucht, die Stockerkapelle bei Westendorf und die Einsiedelkapelle bei St. Johann. Diese Wallfahrten hatten ihnen immer wieder die Kraft gegeben, in schweren Zeiten durchzuhalten, ihre Schicksalsschläge anzunehmen und zu ertragen. Eine Gnadenstätte, die Elisabeth allerdings noch nie besucht hatte, war die Wallfahrtskirche Maria Kirchenthal bei St. Martin. Sie hatte schon mehrmals Leute darüber reden hören, welche die Schönheit der Kirche rühmten und dass dies ein besonderer Gnadenort sei, an dem schon viele Menschen Hilfe erfahren hatten, was schon allein an den vielen Votivtafeln erkennbar sei. Trotzdem war für die Spitalerbäuerin diese Kirche zu weit weg gewesen. Da hätte sie ja über Nacht bleiben müssen, und das konnte sie schon wegen der Kinder und wegen der Stallarbeit nicht. Nun aber, da die Kinder aus dem Gröbsten heraus waren und schon tatkräftig mithelfen konnten, bestand von dieser Seite her kein Hindernis mehr. Außerdem brannte in ihr, seit sie den geliebten Mann und Ernährer verloren hatte, nun, wo sie mit ihrer Jüngsten einer sehr ungewissen Zukunft entgegenging, von Tag zu Tag mehr der Wunsch, den Gnadenort Maria Kirchenthal aufzusuchen. Von dort erhoffte sie sich Trost und Hilfe in der Not. Ja, es drängte sie geradezu dorthin. Deshalb packte sie die Gelegenheit beim Schopfe und meldete sich sogleich an, als die Gemeinde St. Johann eine Wallfahrt nach Maria Kirchenthal ankündigte. Von den Warnungen ihrer Kinder: »Mutter, das ist doch viel zu weit für dich. Das c du nicht, da würdest du übernachten müssen«, ließ sie sich nicht abschrecken.

»Das ist mir schon klar, dass ich den Hin- und Rückweg nicht an einem Tag schaffe. Vielleicht werde ich sogar zwei oder drei Nächte wegbleiben. Die erste Nacht verbringe ich bei meiner Schwester in St. Johann. Das ist schon so ausgemacht. Dort schließe ich mich in der Früh um fünf Uhr dem Pilgerzug an. Und für die zweite

Nacht wird sich in Maria Kirchenthal oder in St. Martin schon was finden, und wenn es bei einem Bauern im Heu ist. Es gibt Bauern, denen ist es eine Ehre, wenn sie einen Pilger gegen Gotteslohn beherbergen dürfen. Sie erhoffen sich nämlich, dadurch Verdienste für den Himmel zu erwerben.«

»Und was ist mit Essen und Trinken?«

»In jedem Hof steht ein Brunnen vorm Haus, an dem man seinen Durst stillen kann. Und was das Essen angeht, so nehme ich Mehl und Butter mit und mein kleines Eisenpfandl. Man hat mir nämlich gesagt, dass einem jede Bäuerin erlaubt, sein Frühstücksmuserl auf ihrem Herd zu machen.«

Schweren Herzens ließen die Kinder ihre Mutter ziehen. Sie hielt am nächsten Tag auch fleißig Schritt mit den anderen Pilgern, von denen einige sogar noch älter waren als sie selbst. Als sie das letzte Stück ihres Pilgerweges zurücklegten, nämlich den Berg hinauf, der von St. Martin direkt hinaufführt nach Maria Kirchenthal, wurden alle langsam, und nicht nur, weil eine ziemliche Steigung zu bewältigen war. An diesem Weg hatte man die vierzehn Kreuzwegstationen errichtet, und da jeder Pilger sein Packerl Sorgen mitgebracht hatte, blieb jeder an jeder Station stehen, betrachtete das Bildnis des leidenden Heilands und legte ihm seine Sorgen zu Füßen.

Als die Spitalerin endlich das Hochtal erreicht hatte, blieb sie einen Moment staunend stehen. Eine solch mächtige Kirche hatte sie hier oben nicht erwartet. Und als sie die Kirche betrat, staunte sie noch mehr. Der Innenraum war so prächtig ausgestattet, dass man glaubte, im Himmel zu sein. Die Bäuerin hielt sich jedoch nicht lange damit auf, die Kirche zu bestaunen. Es drängten nämlich immer mehr Menschen nach, offensichtlich Pilger von anderen Pfarreien, denn die Gesichter waren ihr unbekannt. Wie die Nachkommenden strebte Elisabeth nun nach vorn. Auf der linken Seite, der Frauenseite, fand sie gerade noch einen Platz in der dritten Bank. Da noch genügend Zeit blieb, bis der Pilgergottesdienst beginnen sollte, vertiefte sich Elisabeth ganz in ihre persönlichen Gebete, bis der Gottesdienst endlich begann und ihre Aufmerksamkeit sich auf das Geschehen am Altar richtete.

Als der Priester auf die Kanzel stieg, um zu predigen, ließ sie ihren Blick ein bisschen schweifen, und plötzlich blieb er an einem Mannsbild auf der rechten Seite in der dritten Reihe hängen. Diesen Mann kannte sie! Aber das, rief sie sich selbst zur

Ordnung, war ja gar nicht möglich. Der Thannhofer musste ja mittlerweile ein alter Mann sein, sofern er überhaupt noch lebte. Irritiert wandte sie die Augen wieder ab. Wenn er es also nicht war, überlegte sie, dann konnte das nur sein Bua sein. Wieder wurde ihr Blick in seine Richtung gezogen. Genau in diesem Moment schaute der Mann auch zu ihr herüber, machte ein erstauntes Gesicht und nickte ihr zu. Da nickte sie gleichfalls.

Vom Rest der Predigt bekam die Pilgerin nichts mehr mit. Auch als der Geistliche den Gottesdienst fortsetzte, konnte sie sich kaum noch konzentrieren. Verstohlen wanderte ihr Blick immer wieder auf die Männerseite.

Nach dem letzten Amen drängten alle nach vorn. Dabei kam die Elisabeth dem bewussten Mann so nah, dass sie ihm zuflüstern konnte: »Bist du der Wastl vom Thannhof?«

»Ja«, flüsterte der zurück, »und du warst mal meine Kindsdirn. Wart nachher auf mich.«

Dieser Aufforderung kam die Bäuerin nur zu gerne nach und wartete auf dem Kirchplatz auf den Wastl, der sie auf ein Bier im Wirtshaus einlud. Dorthin strebten auch die anderen Pilgersleut, und zu ihrer Beruhigung sah die Elisabeth, dass auch der Pfarrer bereits in der Gaststube bei einem Bier saß.

»Ich hab von dem tragischen Unfall gehört, der deinen Mann getroffen hat«, eröffnete der Wastl, nachdem er ihr Bier bestellt hatte. »Wie kommst du denn allein zurecht?«

»Nun ja«, seufzte sie. »Die Kinder können schon ganz gut anpacken und unsere Vorräte werden über den Winter reichen. Im Frühjahr aber müssen wir Haus und Hof verlassen.«

»Wieso das?«, fragte der Wastl erstaunt. Sie berichtete ihm von ihrem Gespräch mit dem Benefiziat.

»Und was wird dann aus euch?«

»Gott sei Dank habe ich für die meisten meiner Kinder bereits ab Lichtmess eine Stelle in Aussicht. Nur, was aus mir wird und meiner Kleinen, das weiß ich wirklich nicht. Ich fürchte, ab Ostern stehen wir auf der Straße.«

»Elisabeth, dich schickt der Himmel!«

Verdutzt sah sie ihn an.

»Am nächsten Lichtmesstag verlässt uns unsere Großdirn. Sie will heiraten. Hättest du nicht Lust, ihre Stelle einzunehmen?«

»Ist das dein Ernst?« Die Spitalerin war fassungslos.

»Freilich ist das mein Ernst. Mit solchen Dingen spaßt man nicht. Also, was ist? Schlag ein.«

Er hielt ihr die offene Hand hin.

»Ja! Ja! Das würd ich ja gern tun. Aber bin ich dir nicht zu alt?«

»Du bist doch mal grad ein paar Jahre älter als ich, und du siehst aus, als könntest immer noch kräftig zupacken.«

»Das stimmt. Aber deine Frau? Was wird sie dazu sagen, wenn du eine so alte Baudirn daherbringst?«, äußerte Elisabeth ihre Bedenken.

»Die wird sich freuen, eine so erfahrene Baudirn zu kriegen, die fast zwanzig Jahre lang als Bäuerin gewirtschaftet hat.«

»Und deine Eltern? Wie werden sie reagieren?«

»Mein Vater ist vor zwei Jahren gestorben. Meine Mutter aber wird überglücklich sein, wenn du wieder zu uns kommst. Sie hat dir jahrelang nachgetrauert und gesagt: ›Ich hab's ja gleich gewusst, eine solche Großdirn, wie die Elisabeth eine war, krieg ich nimmer.‹«

»Also abgemacht. Dann fang ich am Lichtmesstag wieder bei euch an.« Nun war sie es, die ihm freudig die Hand hinstreckte. Doch noch ehe er einschlagen konnte, zog sie diese mit trauriger Miene zurück.

»Was ist jetzt los?«, fragte der Thannhofer verwundert.

»Ich weiß nicht, ob ich es schaffe, meine Jüngste bis zu diesem Termin unterzubringen.«

»Wie alt ist sie?«

»Sie ist zehn.«

»Dann bringst sie halt mit. Das Dirndl werden wir auch noch satt kriegen. Und schlafen kann's in der Kammer bei meiner Tochter. Die ist neun und fühlt sich eh immer so allein; sie hat ja nur Brüder.«

Nun schlug Elisabeth endlich ein.

Um ein Nachtquartier brauchte sie sich nun nicht mehr umzuschauen, denn der Wastl bestand darauf, dass sie die Nacht auf dem Thannhof verbringen müsse.

»Dann muss ich mit dem Herrn Pfarrer für morgen früh aber eine Zeit und einen Treffpunkt in Waidring ausmachen, an dem ich wieder auf die Pilgergruppe stoße.«

»Das brauchst auch nicht. Ich bring dich morgen mit der Kutsche heim.«

Dieses Angebot konnte sie nicht ausschlagen. Also sagte sie dem Pfarrer nur Bescheid, dass man nicht auf sie zu warten brauche.

Am folgenden Morgen, als Elisabeth in der Mägdekammer des Thannhofes aufwachte, glaubte sie zunächst, sie habe nur geträumt, denn es war noch zu dunkel, um zu erkennen, wo sie sich befand. Als sie später mit der ganzen Familie und den Dienstboten um den großen

Esstisch saß und mit ihnen gemeinsam von dem Mus aus der großen Pfanne aß, wusste sie, dass es der Herrgott wirklich gut mit ihr gemeint und ihre flehenden Bitten erhört hatte. Am Abend hatte sie noch lange mit der Altbäuerin beisammengesessen, und sie hatten viel zu erzählen gehabt.

Schon bald nach dem Frühstück bestieg Elisabeth die Kutsche des Bauern, der sie, wie versprochen, nach Hause bringen wollte.

»Es reicht, wennst mich bis St. Johann bringst. Eine Nacht will ich noch bei meiner Schwester bleiben. Denn so bald werden wir gewiss nicht wieder zusammenkommen.«

Das passe gut, denn in St. Johann, versicherte der Bauer, habe er ohnehin noch etwas zu erledigen.

Natürlich hatte Elisabeth nichts Eiligeres zu tun, als ihrer Schwester die gute Neuigkeit zu berichten.

»Wie wunderbar für dich – und für die Anna. Wenn's aber hart auf hart gekommen wäre, hättest schon auf uns zählen können«, versicherte jene.

Jetzt hat sie leicht reden, dachte die Elisabeth mit ein bisschen Bitternis. Aber vorher, als ich einen Lichtblick gebraucht hätte, da hat sie kein

Wörtel gesagt. Von diesen Gedanken ließ sie sich aber nichts anmerken. Mit schlichten Worten dankte sie der Schwester für das Angebot, und dem Himmel dankte sie im Stillen dafür, dass er sie davor bewahrt hatte, bei ihren Geschwistern ums Gnadenbrot betteln zu müssen.

Am nächsten Tag kam die Bäuerin gegen Mittag nach Hause, und zusammen mit der ganzen Kinderschar suchte sie die Kapelle auf. Jedes sprach leise ein Dankgebet, und dann sangen sie gemeinsam aus tiefstem Herzen: »Großer Gott, wir loben dich.«

Schneller, als man gedacht hatte, nahte der 1. Februar 1883 heran. Jedes hatte sein Bündel bereits gepackt, da versammelte Mutter Elisabeth alle ihre Kinder um sich in der Stube. Sogar die Marei war dabei. Sie hatte eigens von ihrem Dienstherrn freibekommen, damit sie an diesem für die Familie so schicksalsschweren Abend dabei sein und sich von Mutter und Geschwistern verabschieden konnte.

Keines der Kinder brauchte an diesem Abend zu arbeiten, und sogar Elisabeths Hände ruhten. Nach einem tiefen Seufzer begann sie zu reden, und es wurde eine richtige kleine Ansprache daraus: »Kinder ihr wisst, dass morgen ein sehr bedeutsamer Tag ist in unser aller Leben. Wir werden in alle Himmelsrichtungen zerstreut. Aber keines braucht den weiten Weg zu seiner neuen Wirkungsstätte zu Fuß zu machen. Durch den Verkauf der Tiere habe ich ganz schön was eingenommen. Davon kann ich für jedes die Fahrt mit der Postkutsche zahlen, und es bleibt mir noch ein ordentlicher Notgroschen, falls mal eines von uns in Bedrängnis kommt. Ihr könnt es mir glauben, ich hätte euch gerne die Heimat erhalten, euch noch gerne länger um mich gehabt und für euch gesorgt. Aber Gottes Wege sind nicht unsere Wege. In Zukunft werde ich so gut wie nichts mehr für euch tun können. Bevor ich euch aber entlasse, möchte ich euch noch ein paar Worte mit auf den Weg geben. Bei allem Unglück, das über uns hereingebrochen ist, hat Gott es noch gut mit uns gemeint. Jeder von uns hat auch in Zukunft ein Dach über dem Kopf und eine Stelle, wo es sein Brot verdienen kann. Gewiss, es wird nicht immer leicht sein. Es werden Zeiten kommen, wo ihr euch von aller Welt verlassen fühlt. Dann wendet euch an den Herrgott. Er ist immer für euch da. Vergesst das nicht! Wenn wir uns in Zukunft auch kaum mehr sehen werden, so sollten wir doch in schriftlichem Kontakt bleiben.«

An dieser Stelle konnte sie nicht mehr weitersprechen, denn die aufsteigenden Tränen erstickten ihre Stimme. Auch die Kinder, deren Augen bei der Rede der Mutter feucht geworden waren, konnten das Weinen nun nicht mehr zurückhalten. Keines sagte ein Wort. Elisabeth stand auf und versuchte, alle gleichzeitig zu umarmen. Nachdem sie sich wieder einigermaßen gefasst hatte, sagte sie: »So Kinder, jetzt beten wir.«

Die Kinder der Dienstmagd

Nachdem mir meine Großmutter ihre Geschichte bis hierhin erzählt hatte, folgte nichts mehr, so sehr ich auch in sie drang. Mittlerweile war ich nämlich dreizehn, und es hätte mich brennend interessiert, wie es ihr und ihren Geschwistern in der Fremde ergangen war. Sie erklärte mir lediglich, sie habe keine Ahnung. Jedes sei ja in eine andere Richtung abgereist und eines habe vom anderen so gut wie nichts mehr erfahren.

»Aber deine Mutter hat euch doch ans Herz gelegt, in brieflichem Kontakt zu bleiben«, beharrte ich.

»Ja, schon. Zu Weihnachten schrieb ich auch brav an jedes eine Karte und bekam auch alle Jahre eine mit guten Wünschen zurück. Dadurch erfuhr man jedoch nicht, wie es den Einzelnen wirklich erging.«

»Und die Mutter? Hat sie nicht ein bisserl ausführlicher geschrieben?«

»Nein, sie schrieb immer, sie müsse sich kurzfassen, da sie viel Arbeit habe, und sie ermahnte mich, brav und fromm zu bleiben.«

»Aber du selbst, wie ist es dir ergangen?«, bohrte ich weiter.

»Ich musste viel arbeiten, aber ich war mit meiner Stelle zufrieden.«

An dieser Antwort merkte ich, dass sie nicht näher darüber sprechen wollte. Doch gerade das machte mich neugierig. Hatte sie etwas zu verbergen?

Zunächst klemmte ich mich hinter meine Mutter, aber ohne Erfolg. Es leuchtete mir noch einigermaßen ein, dass sie über ihre Onkel und Tanten eigentlich nicht viel wissen konnte. Was aber ihre eigene Mutter, also Lisei, betraf, so wusste sie angeblich auch über sie nichts, und das konnte ich einfach nicht glauben. Der Verdacht, dass es da ein Geheimnis gab, ließ mich nicht mehr los, und meine Neugier wurde noch größer. Das musste ich unbedingt ergründen!

Im Geiste ging ich die ganze Verwandtschaft durch, und beim Basei blieb ich hängen. Das Basei hieß eigentlich Maria. Maria Neumaier, aber alle nannten sie bloß 's Basei. Ja, zu der musste ich gehen, zu der hatte ich von klein auf ein herzliches Verhältnis. Wenn die etwas wusste, die würde es mir gewiss verraten.

Noch hatte ich keine Ahnung, in welchem verwandtschaftlichen Verhältnis sie zu mir stand. Mir war lediglich bekannt, dass 's Basei sehr arm war. Denn selbst als ich noch nicht zur Schule ging, drückte mir meine Mutter manchmal eine Kanne in die Hand mit der Aufforderung: »Hier, bring dem Basei einen Liter Milch, damit sie mit ihren Kindern was zu trinken hat.«

Ich wusste, 's Basei hatte zwei Kinder, den Fritz und die Maria. Da aber beide ein gutes Stück älter waren als ich und schon in die Schule gingen, traf ich sie fast nie in der Wohnung ihrer Mutter an.

Vom Basei erfuhr ich tatsächlich nach und nach, was aus den Kindern der Elisabeth Lichtmannegger geworden war, einschließlich der unglaublichen Geschichte meiner Großmutter.

Wie schwer muss meine Urgroßmutter Elisabeth, die einst so großen Wert darauf gelegt hatte, erst Kinder zu bekommen, wenn sie Bäuerin war, darunter gelitten haben, dass diese nun doch die Kinder einer Dienstmagd waren! Noch schwerer mag es für sie gewesen sein, dass sie den Kontakt zu ihnen nicht mehr pflegen konnte, wo sie doch ein ausgesprochener Familienmensch gewesen war. Nach wenigen Jahren jedoch sollte sie eine Mitteilung erhalten, die ihr Mutterherz höherschlagen ließ. Doch ich will nicht vorgreifen. Betrachten wir uns die Lebenswege der Kinder im Einzelnen:

Nach dem endgültigen Abschied vom Spitalerhof war sie in ihren Wirkungskreis, den Hacklhof in Kössen, zurückgekehrt. Wie in ihrem Elternhause herrschten auch hier Zucht und Ordnung. Auch hier pflegten die Bauersleute an jedem Sonn- und Feiertag den Gottesdienst zu besuchen, und dass ihre Dienstboten das ebenfalls taten, darauf achteten sie sehr streng. Anfangs pflegte Marei den frühen Gottesdienst in Kössen zu besuchen, damit sie zurück war, wenn ihre Herrin zum Hochamt fuhr. Für den Weg zur Kirche benutzten die Bauersleute selbstverständlich ein Gefährt, im Sommer die Kutsche, im Winter den Pferdeschlitten. Die Dienstboten dagegen mussten den Weg in einem einstündigen Fußmarsch zurücklegen.

Einige Zeit, nachdem ihre Schwester Lenei den Dienst in Reit im Winkl angetreten hatte, begab sich Marei einmal dorthin zum Besuch des sonntäglichen Gottesdienstes. Sie wollte ein Auge auf die kleine Schwester haben, so wie die Mutter es ihr ans Herz gelegt hatte. Nach dem Hochamt konnte sie tatsächlich einige Worte mit ihr reden und sich davon überzeugen, dass es ihr gut ging.

Weil Marei schon beim Hinweg gemerkt hatte, dass es zur Kirche nach Reit im Winkl etwas näher war als zu der Kirche von Kössen, versprach sie ihrer Schwester: »Ich werde ab jetzt immer hier die Kirche besuchen, dann können wir uns jeden Sonntag sehen.«

So geschah es dann auch. Marei sah aber nicht nur sonntags ihre Schwester, sie wurde auch gesehen. Sie fiel hier nicht nur auf, weil sie fremd war und eine andere Tracht trug, sondern auch, weil sie besonders hübsch war. Vor allem die jungen Männer reckten die Hälse nach ihr, wenn sie ihrer ansichtig wurden. Ein ganz Mutiger fragte eines Sonntags, nachdem Marei sich von ihrer Schwester verabschiedet hatte, die Lenei, wer denn das Mädchen gewesen sei.

Arglos gab sie Auskunft: »Das ist meine Schwester Marei. Die arbeitet in Kössen beim Hacklbauern.«

»Aha, eine Dienstmagd also«, stellte er fest und resignierend dachte er: Die kannst vergessen. Dieser mutige Bursche war niemand anderer als der Posch-Sepp. Er war der Sohn und Erbe des Steinbacher Hofes, eines der größten Anwesen in ganz Reit im Winkl. Sein Vater besaß nicht nur einen stattlichen Bauernhof mit entsprechenden Ländereien, sondern auch noch eine Ziegelei. Sepp war klar, dass er seinen Eltern keine Dienstmagd als Schwiegertochter präsentieren durfte, von der keine Mitgift zu erwarten war. In seiner Familie war es nämlich von jeher üblich gewesen, bei der Heirat darauf zu achten, dass Geld zu Geld kam. Auf diese Weise war der Hof zu einer solch beachtlichen Größe herangewachsen.

Der junge Sepp bemühte sich also, das schöne fremde Mädchen zu vergessen. Aber wie konnte er, da er sie fortan jeden Sonntag in der Kirche wiedersah? Mit der Zeit wurde er immer trauriger und einsilbiger, sodass es bald seiner Mutter auffiel. Als er nach einem sonntäglichen Gottesdienst lustlos vor seinem Teller saß, fragte sie: »Sepp, was ist los? Schmeckt dir das Essen nicht?«

»Doch, doch«, beeilte er sich zu sagen und schob einen großen Bissen in den Mund, um das zu beweisen.

Die Mutter aber ließ nicht locker: »Ich weiß nicht, in letzter Zeit gefällst du mir gar nicht. Bist vielleicht krank?« Besorgnis schwang in ihrer Stimme.

»Nein, nein, mir geht's gut.«

Doch von dieser Behauptung ließ die Mutter sich nicht täuschen. Nachdem alle die Mahlzeit beendet hatten, nahm sie ihren Ältesten beiseite. »Mit dir stimmt was nicht«, sagte sie ihm auf den Kopf zu. »Seit einiger Zeit fällt mir schon auf, dass du so still geworden bist, und blasser und magerer kommst mir auch vor. Sag, tut dir was weh?«

Mit einer Hand auf sein Herz deutend sagte er: »Ja, hier. Ich hab mich verliebt.«

»Na endlich«, kam es erleichtert aus dem Mund der Mutter. »Alt genug dazu bist ja. Wir warten schon lange drauf, dass du uns eine Hochzeiterin ins Haus bringst. Ich bin auch nicht mehr die Jüngste und werde froh sein, wenn ich die Verantwortung für den Haushalt in jüngere Hände legen kann.«

»So schnell wird's damit nichts werden«, wehrte er ab. »Da gibt's einen Haken.«

»Wieso? Mag sie dich nicht?«

»Das weiß ich nicht. Ich hab sie noch nicht gefragt.«

»Ja, wie gibt's denn so was!« Die Mutter stemmte energisch die Hände in die Seiten und lachte. »Ein Mannsbild von fast dreißig Jahren und traut sich nicht, seine Liebste zu fragen, ob sie ihn mag.«

»Ja ... es ist ... weil ... ich glaub, die wär euch nicht recht.«

Schlagartig wich das Lächeln aus dem Gesicht der Mutter. »Ist sie etwa ... eine Dienstmagd?«

Der Sohn nickte.

»Und wo hast sie kennengelernt?«

»Kennen tu ich sie ja noch nicht. Ich sehe sie immer nur sonntags in der Kirche.«

»Weißt wenigstens, wo sie in Dienst steht?«

»Beim Hacklbauern in Kössen.«

»Auch noch eine Tirolerin! Dann lass die Finger davon«, sagte die Bäuerin mit Bestimmtheit. »Es gibt genug hübsche Bauerntöchter bei uns im Dorf, die dich mit Handkuss nähmen. Wennst aber zu lange wartest, sind sie alle vergriffen.«

Damit war das Mutter-Sohn-Gespräch beendet.

Der Sohn aber schlich weiterhin wie Falschgeld durchs Leben. Er war lustlos beim Essen, er war lustlos bei der Arbeit. Das fiel schließlich sogar seinem Vater auf. Der sprach jedoch nicht den Sohn darauf an, sondern seine Frau. Die erzählte ihm dann von dem Gespräch, das sie einige Tage zuvor mit dem Sohn geführt hatte.

»Ja, wenn es weiter nichts ist«, atmete der Bauer auf. »Das gibt sich mit der Zeit. Man müsste ihm halt eine zubringen, die ihm gefällt.«

In ihrem Bekanntenkreis hielten sie ab sofort fleißig Ausschau nach heiratsfähigen Dirndln und fragten sogar den nächsten Viehhändler, der auf den Hof kam, ob er keine reiche Bauerntochter für ihren Sohn wisse. So vergingen einige Monate, in denen man den Junior immer wieder »unauffällig« mit einer Bauerntochter zusammenbrachte. Aber es half alles nichts. Seine Schwermut wollte nicht weichen. Im Gegenteil, je mehr Zeit ins Land ging, desto mehr vertiefte sie sich.

»Ich kann es nicht mehr mit ansehen«, gestand die Mutter eines Tages ihrem Ehemann. »Wenn das so weitergeht, geht uns der Sepp vor die Hunde.«

»Das hab ich mir auch schon gedacht«, pflichtete ihr dieser bei. »Warum soll er eigentlich nicht eine Dienstmagd heiraten? Sach haben wir doch genug.«

»Da hast recht. Wichtig wär halt, dass sie arbeiten kann.«

»Das wird's schon können, sonst hätt' der Hacklbauer sie nicht schon seit fünf Jahren im Dienst.«

»Woher weißt denn das?«, staunte die Bäuerin.

»Ich war dort. Ich hab mir das Dirndl heimlich angeschaut. Ein blitzsauberes Madl. Kein Wunder, dass unser Bub sich in die verguckt hat. Und schaffen kann's auch. Davon konnte ich mich in der kurzen Zeit, die ich auf dem Hacklhof war, schon überzeugen.«

»Ja, wennst meinst, sie wär die Richtige für unsern Sepp ...«, antwortete die Mutter zögerlich.

»Uns bleibt ja nichts anderes übrig, wenn wir nicht wollen, dass der Bua an gebrochenem Herzen stirbt. Aber vorher sollte man noch erforschen, aus was für Verhältnissen sie kommt.«

Der Aufgabe, das herauszufinden, nahm sich die Bäuerin an. Nach dem Gottesdienst am folgenden Sonntag eilte die Steinbacherin als eine der Ersten aus der Kirche und schaute sich die herausströmenden Besucherinnen genau an. Es war nicht schwer, das fremde Mädchen herauszufinden. Sie ist in der Tat bildsauber, dachte die Bäuerin, da hat mein Mann nicht übertrieben. Auch sie konnte nun den Sohn verstehen. Mit einer noch recht kindlich wirkenden Person war sie lebhaft in ein Gespräch vertieft.

Die Bäuerin trat auf die Dirndln zu mit der Frage: »Ihr seid aber nicht von hier?«

Erstaunt blickten die Schwestern sie an, und die Ältere antwortete: »Du hast recht. Wir kommen aus Jochberg.«

»Jochberg? Das ist aber weit weg.«

»Das stimmt. Wir wohnen aber nicht mehr dort. Ich bin im Dienst auf dem Hacklhof zu Kössen und meine Schwester Lenei dient beim Jacklschuster.«

Es dauerte nicht lange, da hatte die Steinbacherin durch ihre geschickte Fragetaktik die ganze traurige Geschichte erfahren und erzählte sie nun ihrem Mann, der sehr betroffen reagierte.

»Ja, so ein Unglück! Da ist es doch geradezu Christenpflicht, dass man dem Dirndl ein neues Zuhause schafft.«

Die beiden waren sich sofort einig: Ihr Sohn sollte um die Jochbergerin werben dürfen.

Sepp konnte es kaum abwarten, bis es wieder Sonntag war und er Marei auf dem Kirchenvorplatz ansprechen konnte. Sie machten ein Treffen aus für ihren nächsten freien Nachmittag. Dem ersten Treffen folgten weitere. Mit der Zeit zeigte ihr der junge Mann immer offener seine Gefühle, und er war überglücklich, zu erkennen, dass diese erwidert wurden. Das ermunterte ihn, immer mutiger zu werden, bis er sie schließlich in die Arme nahm und abbusselte. Da von ihrer Seite keine Gegenwehr erfolgte und sie seine Zärtlichkeiten sogar zu genießen schien, versuchte er, noch einen Schritt weiterzugehen. In dem Moment gebot sie ihm Einhalt:

»Nein, Sepp. Das gibt's nicht, bevor ich verheiratet bin.«

»Aber Marei, hab dich nicht so. Wir werden ja heiraten. Die Eltern haben es erlaubt.«

»Ist das gewiss wahr?«

»Wenn ich es dir sag! Komm, jetzt stell dich nicht so an.«

»Nein Sepp, das gibt's nicht, bevor ich vor Gottes Angesicht deine Frau bin. Meinst, ich will mit dickem Bauch vor den Altar treten?«

»Die Hochzeit wird schon so bald sein, dass dein Bauch es gar nicht mehr schafft, dick zu werden.«

»Wenn das schon so bald ist, brauchst du dich ja nicht mehr lange zu gedulden.«

Sepp bedrängte sie nun nicht weiter. Marei aber schwebte von diesem Tag an wie auf Wolken. Sie war verlobt! Mit einem gut aussehenden Mann, dem Erben eines Hofes! Und was für einem! Sie würde Bäuerin sein auf einem Erbhof! Von dort konnte sie niemand vertreiben, so wie es ihrer armen Mutter ergangen war. Wie würde die glücklich sein, wenn sie davon erfuhr!

Beim nächsten Kirchgang erzählte sie das ihrer kleinen Schwester, die sich mit ihr über ihr Glück freute. An ihrem nächsten gemeinsamen freien Sonntagnachmittag wanderten die beiden

Schwestern nach Kössen, um auch der Lisei von dem großen Glück zu künden, das der Marei bevorstand.

Anfang Januar 1887 fand die Hochzeit statt. Es wurde eine richtig große Bauernhochzeit, an der sozusagen das ganze Dorf teilnahm. Der wichtigste Gast aber war für die Braut ihre Mutter. Bauer Wastl vom Thannhof zu Waidring brachte sie eigens mit dem Schlitten herüber und feierte ebenfalls mit. Bevor er sie wieder mit nach Hause nahm, sagte die alte Dienstmagd zu ihren Kindern, die vollzählig erschienen waren: »Dass ich so viel Glück noch erleben durfte! Nicht nur, dass ich meine Älteste gut versorgt weiß, auch dass ich all meine Kinder nach so langer Zeit habe wiedersehen dürfen, war für mich ein unerwartetes Geschenk.«

Lenei

Mareis kleine Schwester Lenei, die im Alter von zwölf Jahren in Reit im Winkl beim Jacklschuster untergekommen war, hatte es nicht schlecht getroffen. Der landwirtschaftliche Betrieb war so klein, dass der Mann nebenher noch den Beruf des Schusters ausübte, um seine Familie ernähren zu können. Als Lenei in seine Dienste trat, war ein Fünfjähriger zu versorgen, von dem es hieß, die Frau habe ihn mit in die Ehe gebracht. Dann gab es noch ein zweijähriges Dirndl, das ausgesprochen lieb und anhänglich war, und einen Buben, der erst drei Wochen zählte. Im ersten Jahr ging Lenei noch treu und brav zur Schule, am Nachmittag aber hatte sie mit den Kindern alle Hände voll zu tun. Wenn Kundschaft kam, während der Schuster im Feld war, sprang sie auch in der kleinen Werkstatt ein. Sie nahm Schuhe zur Reparatur entgegen oder sie gab reparierte Schuhe heraus.

Zu dem Zeitpunkt, als ihre Schwester Marei heiratete, zählte Lenei bereits siebzehn Lenze und war zu einem hübschen Dirndl herangewachsen. Daher muss sie bei der Hochzeit einem der Knechte vom Steinbacher Hof besonders aufgefallen sein. Jedenfalls dauerte es nicht lange, da sprach dieser sie nach dem sonntäglichen Kirchgang an. Ob sie nicht mal mit ihm spazieren gehen wolle. Es schmeichelte ihr, dass sich einer für sie interessierte. Sie schaute ihn von oben bis unten an, und da er ein fescher Bursche war, sagte sie nicht Nein. Dass er ein Knecht war, störte sie nicht. Bei ihrem ersten Spaziergang genoss sie die Aufmerksamkeit, die er ihrer Person entgegenbrachte. Daher bedurfte es keiner großen Überredungskunst, dass sie sich immer wieder mit ihm traf. Auch seine Zärtlichkeiten, die von Mal zu Mal intensiver wurden, wehrte sie nicht ab. Sie schienen ihr sogar zu gefallen.

Nachdem ein gutes halbes Jahr vergangen war, sagte Lenei eines Abends zu ihrer Herrin: »Ich weiß nicht, seit einigen Tagen habe ich so ein Gezappel im Bauch, als ob junge Hunde darin wären.«

Die Meisterin schaute sie durchdringend an und meinte: »So was habe ich kommen sehen, seit du mit dem Toni umeinanderziehst.«

»Was hat denn das damit zu tun?«, zeigte sich das Mädchen erstaunt.

»Stellst du dich jetzt so blöd oder bist du so blöd?«, fragte ihre Herrin. »Seit wann sind deine Tage weggeblieben?«

»Was für Tage?«, fragte die Dirn naiv. Nun schaute die Schusterin halb belustigt, halb spöttisch. »Du willst mich wohl auf den Arm nehmen, wie?«

»Aber nein, gewiss net. Das würde ich mich nie trauen«, antwortete das Mädchen mit so ratlosem Blick, dass die Herrin allmählich begriff, dass die Lenei sich nicht über sie lustig machte, sondern sie einfach nicht verstanden hatte. Deshalb versuchte sie es anders: »Ich meine deine Blutungen. Wann hast sie zum letzten Mal gehabt?«

»Was für Blutungen? Ich hatte doch keine Blutungen. Ah, doch, neulich habe ich mich beim Kartoffelschälen in den Finger geschnitten. Das hat ganz schön geblutet. Aber es hat bald wieder aufgehört.«

Über diese Antwort musste die Schusterin erst schallend lachen, dann wurde sie wieder ernst und machte deutlich, dass es ihr um die Blutungen gehe »zwischen den Beinen, die alle Monat wiederkommen.«

Das Mädchen versicherte aufrichtig entsetzt, so etwas habe sie »nie nicht gehabt«.

Die Jacklschusterin war ratlos. Es war ja nicht nur, dass Lenei Leben im Bauch spürte, es schien ihr auch, dass deren Bauch in den letzten Wochen dicker geworden sei.

»Ja, das stimmt«, bestätigte das Dirndl. »Mein Arbeitsgewand war mir immer zu weit. Jetzt aber liegt es ganz stramm an, und mein Sonntagsgewand bring ich nimmer ganz zu.«

Die Schusterfrau sah sich genötigt, ihrer Kindsdirn die Monatsblutung zu erklären und ihr zu beschreiben, wie das zwischen Mann und Frau abläuft und dass dadurch Kinder entstehen.

»Meine Güte!«, rief die Lenei erschrocken aus. »Bedeutet das etwa, dass ich ein Kind kriege?«

»Sieht ganz danach aus. Nur wundert's mich, dass du vorher nie deine Tage gehabt hast. Meine Hebamme hat mir nämlich erklärt, dass man in anderen Umständen ist, wenn die Tage ausbleiben. Danach hat sie dann berechnet, wann in etwa das Kind kommt. Jetzt kann man bei dir gar nichts berechnen.«

»Ja, aber was mach ich denn mit einem Kind?«

»Vielleicht hast ja Glück und der Toni heiratet dich. Ach was«, korrigierte sie sich selbst, »Glück wäre das bestimmt keines für dich. Er hat nichts und du hast nichts. Mit nichts kann man keinen Hausstand gründen, und wovon solltet ihr leben?«

»Ja, aber was soll ich denn sonst machen?«

Die Schustersfrau wusste Rat. Immerhin war Lenei nicht die erste Magd, der so etwas passierte.

»Das Gescheiteste ist es, wenn du das Kind in Pflege gibst. Schließlich muss er für es zahlen. Aber bei uns kannst du es nicht zur Welt bringen, weil du Österreicherin bist. Zu deiner Niederkunft musst schon nach Österreich gehen. Hernach kannst wieder bei uns arbeiten.«

›Da hab ich mich ja in einen schönen Schlamassel gebracht‹, dachte das Mädchen. Hörbar fügte sie hinzu: »Zu wem soll ich denn in Österreich gehen? Außer meiner Mutter kenne ich dort niemanden. Und die ist doch selbst Magd und muss froh sein, dass sie unter ist.«

»Mach dir deswegen keine Sorgen. In Kössen kenne ich die Hebamme, die wird schon einen Platz für dich wissen, wo du niederkommen kannst.«

»Und nachher? Was mach ich dann mit dem Kind?«

»Ich werde mal rumhören. Es gibt immer jemanden, der ein Pflegekind nimmt.«

Als der Toni die Lenei das nächste Mal abholte, es war an einem warmen Septembersonntag, und mit ihr den üblichen Spazierweg eingeschlagen hatte, fauchte sie ihn an: »Da hast mir was Gescheites eingebrockt.«

»Wie? Was? Ich verstehe dich nicht«, antwortete er irritiert.

»Du hast deinen Spaß gehabt, und ich krieg jetzt ein Kind.«

»Tu doch nicht so, als wär' ich allein schuld. Dir hat es doch auch gefallen«, verteidigte er sich sogleich vehement.

»Ich konnte doch nicht ahnen, dass so was dabei herauskommt.«

Auch der Toni konnte sich nun gar nicht vorstellen, dass sie keine Ahnung von der Liebe und ihren möglichen Folgen gehabt hatte. »Du bist doch auf dem Land aufgewachsen«, sagte er vorwurfsvoll. »Da wirst doch wissen, dass, wenn der Stier zur Kuh geht, ein Kalbl dabei herauskommt.«

»Davon weiß ich gar nichts«, widersprach Lenei. »Daheim habe ich davon nichts mitbekommen und beim Jacklschuster auch nicht.«

»Mit so viel Blödheit konnte ich wirklich nicht rechnen«, seufzte der Toni. »Aber reg dich nicht auf, ich zahle ja für das Kind.«

Nachdem sie diese Zusage hatte, wollte sie ihn einfach stehen lassen. Er bekam sie gerade noch am Arm zu fassen und zog sie zu sich heran. Noch ehe sie ihn abwehren konnte, küsste er sie zärtlich. Als sie begriff, was er weiterhin vorhatte, stieß sie ihn von sich mit dem Aufschrei: »Nein! Nein! Nicht schon wieder. Meinst, ich wär' noch immer so blöd? Jetzt weiß ich, was gespielt wird.«

»Aber geh, Lenei, hab dich nicht so!«, schmeichelte er. »Jetzt, wo du eh schon in anderen Umständen bist, kann doch nichts mehr weiter passieren. Das sollten wir ausnutzen.«

Das leuchtete ihr dann irgendwie ein.

An ihrem folgenden freien Sonntagnachmittag

machte sich das Dirndl schon so zeitig auf den Weg, dass der Toni sie im Schusterhause nicht mehr antraf. Enttäuscht kehrte er nach Blindau zurück.

Lenei wanderte unterdessen zügig nach Kössen. Auf Empfehlung ihrer Herrin hin wollte sie die Hebamme aufsuchen. Die Herrin wünschte, dass die ihr berechne, wann in etwa ihre Kindsmagd in die Wochen kommen würde. Denn da das Mädchen bereits in Umständen war, noch bevor seine Periode eingesetzt hatte, und sie schon über ein halbes Jahr mit dem Toni »ging«, hatte sie keinen Anhaltspunkt dafür. Die Hebamme tastete die werdende Mutter ab und meinte: »Aufgrund der Größe der Leibesfrucht müssen wir im Februar mit der Entbindung rechnen. Aufgrund dessen aber, dass du die ersten Kindsbewegungen bereits im September verspürt hast, käme auch schon der Januar infrage.«

Nachdem die Lenei ihren Befund hatte, dachte sie, wennst schon mal in Kössen bist, kannst auch bei deiner Schwester einischaun. Lisei war hocherfreut, so überraschenden Besuch zu kriegen. Sie plauderten über ihre Arbeit und über frühere Zeiten. Nur dass sie ein Kind erwartete, erwähnte Lenei mit keinem Wort.

Anfang November war der Winter bereits eingezogen, mit reichlich Schnee und klirrender Kälte. Da war nichts mehr mit Spazierengehen und Intimitäten im Freien. Deshalb kam der Toni mit schöner Regelmäßigkeit im Schutze der Dunkelheit zum Schusterhaus geschlichen. Lenei ließ ihn immer wieder heimlich in ihre Kammer, in der Annahme, die Hausfrau merke davon nichts. Zu ihrer Überraschung gab ihr diese aber kurz vor Weihnachten den Rat: »Ab jetzt solltest den Toni nicht mehr ranlassen. Das ist besser für das Kind und auch für dich.«

Beschämt bedankte sich das Mädchen für den gut gemeinten Rat und befolgte ihn gewissenhaft, wenn das dem Toni auch gar nicht passte.

Unterdessen war die Schusterfrau nicht untätig gewesen. In Kössen hatte sie eine Familie ausfindig gemacht, die bereit war, Leneis Kind gegen ein geringes Entgelt in Pflege zu nehmen. Sie waren Kleinhäusler und hatten mehrere Kinder, sodass ihnen ein kleines Zubrot willkommen war.

Anfang Januar setzten bei Lenei tatsächlich schon die Wehen ein, worüber sie sehr erschrocken war. Sie befürchtete, das Kind könne so schnell kommen, dass sie den Weg nach Österreich nicht mehr schaffe. »Reg dich nicht auf«, versuchte ihre Hausfrau sie zu beruhigen. »Du hast Zeit genug. Deine Tasche ist ja bereits gepackt. Mit der wanderst du nun ganz gemächlich durch das Tal nach Kössen. Das ist zwar ein bisserl weiter, aber von den Fuhrwerken ist der Schnee schon einigermaßen platt gefahren.«

Obwohl es sich auf dem platt gefahrenen Schnee einigermaßen gehen ließ, brauchte die Schwangere für ihre Wanderung über zweieinhalb Stunden. Bei jeder Wehe blieb sie nämlich stehen, schnaufte tief durch und dachte: Ich derpacks nimmer. Sie »derpackte« es aber doch. Mit ihrer letzten Kraft erreichte sie das kleine Häusel vom Bacher. Die Frau nahm sie freundlich auf und führte sie gleich in die vorbereitete Kammer. »Du hast noch Zeit«, redete sie dem total erschöpften Mädchen gut zu. »Ich geh jetzt die Hebamme rufen.«

Lenei legte sich ins Bett und wand sich in ihren immer dichter aufeinanderfolgenden Schmerzen. Sie fühlte sich von aller Welt verlassen. In dieser Situation fiel ihr ein, was die Mutter zum Abschied gesagt hatte: Gott ist immer für euch da und hilft in jeder Not. Also betete sie zwischen den Wehen das »Vaterunser«. Bald fühlte sie wirklich eine Ruhe in sich einkehren und sah der Ankunft der Hebamme gelassen entgegen.

Diese förderte schließlich ein kleines Mädchen zutage, für das die junge Mutter den Namen Viktoria wählte. Die Hebamme betrachtete es sehr aufmerksam. »Da das Dirndl gar so winzig ist, würde ich sagen, es ist zu früh gekommen, obwohl es die typischen Merkmale eines voll ausgetragenen Kindes zeigt. Deshalb würde ich mit der Taufe nicht zu lange warten.«

Das war der Lenei gerade recht. Auf ihrem Heimweg besuchte die Hebamme den Pfarrer und machte für den nächsten Tag einen Tauftermin aus. Dabei würde seine Köchin als Patin fungieren, wie sie das schon oft bei ledigen Kindern getan hatte.

Da Leneis Kindchen gar so schmächtig war, meinte die Hebamme nach zehn Tagen Wochenbett, es sei unverantwortlich, wenn man ihm jetzt schon die Muttermilch entziehen würde. Sie schickte also eine Botschaft an die Schusterin nach Reit im Winkl, dass sie noch eine Weile auf ihre Kindsmagd verzichten müsse. Der passte das zwar gar nicht, aber sie schickte sich drein. Nach drei weiteren Wochen hatte die Lenei ihre Viktoria so weit herausgefüttert, dass keine Gefahr mehr für ihr Leben zu befürchten war. Unter Tränen nahm sie Abschied von ihrem Kind und versicherte der Bacherin, dass sie jeden Monat kommen werde, um nach ihrem Kind zu schauen und um das Pflegegeld zu bringen.

Lenei war noch nicht lange zurück im Schusterhaus, da stand der Toni schon wieder vor ihrer Tür. Zunächst lieferte er die fünf Mark ab für den Unterhalt seiner Tochter. Dann wollte er wie selbstverständlich da weitermachen, wo er kurz vor Weihnachten notgedrungen hatte aufhören müssen. »Nichts da«, fertigte ihn die junge Mutter ab. »Mittlerweile bin ich ein bisserl gescheiter geworden. Ich lasse mir doch kein zweites Kind machen. Für das erste geht ja schon mein ganzer Jahreslohn drauf, und mit deinem Lohn wirst auch nicht für zwei Kinder zahlen können.«

Als hätte man einen Eimer Wasser über ihn geschüttet, zog der Knecht ab. Einige Monate später aber, die Kindsmagd hatte sich gerade zum Schlafen niedergelegt, pochte es ganz sacht an ihr Kammerfenster. Erschrocken sprang sie aus dem Bett und öffnete das Fenster einen Spaltbreit. Da vernahm sie aus der Dunkelheit ein hastiges Flüstern: »Lenei, lass mich eini. Ich hab eine Lohnerhöhung gekriegt. Jetzt könnt ich für zwei Kinder zahlen.«

»Ja, meinst, ich bin deppert?«, zischte sie hinaus in die Dunkelheit. »Ich lass mir doch keinen zweiten Bankert anhängen, selbst wenn du für fünf zahlen könntest. So angenehm ist das Kinderkriegen grad net.« Damit schlug sie das Fenster zu.

Einige Wochen danach kam die Jacklschusterin mit ihrem vierten Kind nieder. So hatte Lenei wieder alle Hände voll zu tun. Immer wenn sie das kleine Dirndl ihrer Herrin in Händen hielt, musste sie wehmütig an ihre kleine Tochter denken, die sie nicht aufziehen durfte. Und nach jedem Besuch in Kössen brach ihr beim Abschied schier das Herz.

Wenn eines der Schusterkinder krank war – das passierte öfters –, musste sie ihren Besuch ausfallen lassen. Es kam auch vor, dass gleich mehrere der Schusterkinder krank waren. Dann wusste deren Mutter aus allerlei Kräutern wirkungsvolle Tees und Tinkturen herzustellen. Da Lenei dabei gut aufpasste und sich merkte, welches Mittel bei welcher Krankheit half, war sie im Zubereiten von Arzneien bald besser als ihre Lehrmeisterin. Diese überließ deshalb gern die ganze Krankenpflege ihrer Kinder der Magd, besonders, da sie merkte, dass diese eine beruhigende Wirkung auf die Kinder ausübte.

Die junge Lichtmanneggerin, die ursprünglich als Kindsdirn ins Haus genommen worden war, machte sich auch überall sonst nützlich, wenn für die Kinder gerade nichts zu tun war. Auf diese Weise lernte sie alle Tätigkeiten, die in einem Haushalt anfallen, zumal sie geschickte Hände, eine schnelle Auffassungsgabe und ein gutes Gedächtnis hatte. Um die Kinder zu unterhalten, erzählte sie ihnen all die Märchen, die sie von ihrer Mutter wusste, oder sie sang mit den Kleinen die Lieder, die man bei ihr zu Hause oftmals gesungen hatte.

Wenn der Schuster in seiner Werkstatt recht viel zu tun hatte, rief er auch schon mal die Lenei herbei. Er brachte ihr einfache Flickarbeiten bei, damit ihm mehr Zeit blieb für die komplizierteren. Mit der Zeit hatte sie von der Schusterei so viel gelernt, dass sie bald in der Lage war, so manches Paar Schuhe selbst zu reparieren.

Eines Tages, Lenei war wieder mal in der Werkstatt und hämmerte eifrig auf einer Schuhsohle herum, erschien ein nicht mehr ganz junger Mann mit einem Paar derber Schuhe in der Hand. Lenei blickte auf. »Nur noch drei Stifte, dann komm ich.«

»Es pressiert gar nicht«, erklärte der Kunde und schaute ihr fasziniert zu.

Als sie mit dem Schuh fertig war, trat sie an den Kundentisch und streckte die Hand nach den Schuhen aus, die der Kunde daraufgelegt hatte.

»Was ist dran zu machen? – Ah, ich sehe schon, Sohlen und Absätze. Auf welchen Namen bitte?«

»Schlechter Thomas«, bekam sie zur Antwort.

Sie schrieb den Namen auf einen Zettel und legte ihn in den rechten Schuh. Der Thomas stand aber noch immer da und rührte sich nicht vom Fleck. »Naa, naa, dass die Weiberleut heutzutage schon Schustergeselle sind!« Dabei schüttelte er den Kopf.

»Schustergeselle bin ich grad nicht«, entgegnete das Mädchen. »Aber wenn der Meister im Feld ist, muss halt einer die Schuhe machen. Morgen Nachmittag gegen fünf kannst sie wieder abholen.«

Er war pünktlich zur Stelle. Lenei war gerade wieder munter dabei, auf einen Schuh einzuhämmern. »Mach den nur fertig«, rief ihr der Kunde zu, noch bevor sie etwas sagen konnte.

Am folgenden Tag brachte er die Schuhe seiner Mutter, und am übernächsten Tag holte er sie wieder ab. Dann kamen die Schuhe seines Vaters dran. Und als er diese am Samstag wieder abholte, wagte er eine Frage: »Hast zufällig morgen Nachmittag frei?«

»Ja, warum?«

»Ich tät gern mal mit einem Schustergesellen spazieren gehen.«

Da er sie auf dem Spaziergang nach allem Möglichen ausfragte, begann auch sie bald mit der Fragerei. Was er beruflich mache, wo er wohne, wie seine familiären Verhältnisse seien. Er bewirtschafte ein kleines Gütl, das er von seinem Vater geerbt habe, erfuhr sie. Weil die Erträge daraus aber nicht ausreichten, um eine Familie zu ernähren, arbeite er zusätzlich noch auf einem Sägewerk. Er sei ledig, und seine Mutter meine, es sei an der Zeit, dass er sich nach einer Frau umschaue.

Mit seinen Antworten war sie recht zufrieden. Daher durfte er sie am nächsten freien Sonntagnachmittag wieder abholen. Als er aber nach kurzer Zeit vertraulich den Arm um sie legte, entzog sie sich ihm.

»Was ist? Magst mich nicht?«, fragte er enttäuscht.

»Doch, schon, sonst wäre ich nicht schon zum zweiten Mal mit dir gegangen. Aber man muss vorsichtig sein, sonst gehst gleich zu weit.«

Damit gab er sich vorerst zufrieden. Bei ihrem dritten Treffen schlug er einen ganz anderen Weg ein. Es ging den Berg hinauf in Richtung Kössen.

»Wo magst denn jetzt hingehen?«, erkundigte sie sich vorsichtig.

»Ich will dir zeigen, wo ich wohne.«

Nach etwa einer Stunde erreichten sie ein bescheidenes kleines Haus, vor dem eine alte Frau auf der Hausbank saß. Sie begrüßte das Mädchen sehr freundlich. »Mutter, das ist Lenei, die unsere Schuhe repariert hat«, stellte er sie vor.

»Aha. So schauen also heutzutage die Schustergesellen aus«, stellte sie lächelnd fest. »Was kannst denn noch außer Schustern?«

Die Kindsdirn zählte einige Tätigkeiten auf, die sie im Hause des Schusters zu erledigen hatte. »Kannst auch spinnen?«, wollte die Alte wissen.

»Das Wollspinnen habe ich noch von meiner Mutter gelernt. Aber mit Flachs hatte ich noch nichts zu tun.«

»Dann wollen wir mal schauen, wie du dich dabei anstellst.«

Die Schneiderhäuslin holte ihr Spinnrad herbei und ein Bündel Flachs und zeigte der aufmerksam beobachtenden Lenei, wie das geht.

»Darf ich auch mal versuchen?«, fragte die nach einer Weile. Und siehe da, es kam ein Faden zustande, anfangs noch ein bisschen ungleichmäßig, aber bald hatte sie den Dreh raus.

»Die kannst nehmen«, sagte die Mutter zu ihrem Sohn.

»Lenei, wann soll die Hochzeit sein?«, fragte der ohne Umschweife. Überrascht schaute diese abwechselnd Mutter und Sohn an. »Meint der das ernst?«, wandte sie sich schließlich an die Schneiderhäuslin.

»Freilich meint der das ernst. Er ist mittlerweile fünfunddreißig, da wird's Zeit mit dem Heiraten.«

»Bei mir pressiert es nicht. Ich bin noch keine einundzwanzig. Wir sollten abwarten, bis ich es werde, dann kann mir keiner mehr dreinreden.«

»Und wann wirst einundzwanzig?«, fragte Thomas.

»Am 17. Jänner im nächsten Jahr.«

»Oh, da sind unsere Geburtstage ja gar nicht weit auseinander«, stellte er erfreut fest. »Ich werde am 20. Januar sechsunddreißig.«

»Dann könnt ihr ja am Faschingsdienstag schon heiraten«, schlug die Mutter vor.

»Langsam, langsam«, bremste Lenei das Tempo der Schneiderhäuslin. »Bevor ich Ja sag, muss ich noch was beichten. Ich hab ein kleines Dirndl von fast drei Jahren.«

»Das weiß ich. Da hab ich mich schon erkundigt. Aber das stört uns nicht«, antwortete Thomas.

Sie hatte aber noch ein Anliegen. »Wenn ich

heirate, möchte ich mein Kind gern zu mir nehmen.«

»Ist schon recht. Das spricht sogar für dich.«

Am 10. Februar 1891 hielten Lenei und Thomas Hochzeit. Im Vergleich zu der von Marei fiel diese sehr bescheiden aus. Aber Lenei war mindestens so glücklich wie ihre »große« Schwester. Und wer ebenfalls glücklich war, war Elisabeth, ihre Mutter, die Magd aus Waidring. Sie freute sich, dass ihre Lenei es geschafft hatte, aufzusteigen. Wenn sie auch »nur« eine Kleinhäuslerin wurde, sie hatte immerhin den dienenden Stand verlassen. Vor allem aber auch war Mutter Elisabeth glücklich, dass sie mal wieder alle ihre Kinder um sich hatte.

Lisei, meine Großmutter

Nachdem Marei Lichtmannegger den Bauern vom Steinbacher Hof geheiratet hatte, erwartete man natürlich baldmöglichst einen Stammhalter von ihr. Doch der Nachwuchs stellte sich nicht so schnell ein, wie man erhofft hatte. Daher verfolgten Sepps Eltern die junge Frau bald mit vorwurfsvollen Blicken. Doch Sepp blieb gelassen und verteidigte seine Frau gegen seine Eltern. Nach einigen Monaten aber fing auch er an zu bedauern, dass er vor der Ehe nicht darauf bestanden hatte, auszuprobieren, ob es damit klappte. Da tat seine Frau eines Abends recht geheimnisvoll. Im Bett flüsterte sie ihm dann zu, dass sie sich Mutter werden fühle.

»Ist das gewiss wahr?«, fragte er zweifelnd.

Erst als sich mit der Zeit ihr Bäuchlein rundete, wagte er es, mit seinen Eltern darüber zu reden. Nachdem sich Marei von der Hebamme des Ortes hatte untersuchen lassen, war Anfang Oktober mit dem freudigen Ereignis zu rechnen. Aber bereits einige Monate vorher setzte sich Marei in die Kutsche und fuhr nach Kössen zum Edinger Hof. Ohne erst Lisei zu begrüßen, suchte sie gleich das Gespräch mit der Bäuerin. Ab Oktober brauche sie unbedingt ihre Schwester als Kindsdirn, erklärte sie ihr. Deren Gegenargument, im Oktober sei nicht der Zeitpunkt zum Stellenwechsel, ließ sie nicht gelten. Auch die anderen Argumente der Edingerin – sie könne im Oktober unmöglich auf diese Magd verzichten, da sei noch die Erdäpfelernte im Gang, da sei Einmachzeit – versuchte die Steinbacherin durch ihre Beredsamkeit zu entkräften. Da dies nicht gelang, machte sie das Zugeständnis, bis Mitte Oktober könne Lisei noch bleiben, dann brauche sie diese aber dringend, schließlich gehe die Familie vor. Ein ansehnlicher Geldbetrag tat ein Übriges.

Am 22. September 1888 lag Josef, der ersehnte Stammhalter, dann in der alten Familienwiege. Ab da herrschte für eine Weile eitel Sonnenschein auf dem ganzen Hof.

Pünktlich am 15. Oktober fuhr die Kutsche vom Steinbacher Hof in Kössen vor dem Edinger Hof vor. Lisei setzte sich hinein mit ihrer gesamten Habe, die in einer kleinen Truhe Platz hatte, und fuhr ihrem neuen Zuhause entgegen.

Auf diese Weise kam der kleine Sepp im Alter von drei Wochen zu seiner Kindsmagd. Diese Aufgabe machte der Lisei viel Freude. Das blieb aber nicht ihre einzige Pflicht. In dem großen Hauswesen musste sie auch überall da mit anpacken, wo gerade jemand gebraucht wurde. Seufzend stellte sie manchmal fest, dass sie es in ihrer ersten Stelle nicht so schwer gehabt hatte.

Im Sommer darauf wurde es dann überraschend leichter für sie. Marei schickte sie nämlich kurz entschlossen auf die Alm. Die langjährige Sennerin klagte nämlich über Fußbeschwerden und konnte nicht mehr in die Berge. Für die Arbeiten im Haus dagegen war sie noch ganz gut zu gebrauchen. In Lisei sah die Bäuerin nun einen vollwertigen Ersatz für ihre lang gediente

Almerin. Während des Winterhalbjahres hatte sie nämlich beobachtet, wie gut ihre Schwester mit dem Vieh umzugehen wusste. Solche Qualitäten musste man auch nutzen, denn auf den kleinen Sepp aufpassen, das konnte auch schon eine dreizehnjährige Kindsmagd.

Gewiss, auf der Alm hatte die Lisei den ganzen Tag zu tun, dennoch kam sie sich vor wie im Urlaub, denn es war niemand da, der ihr Befehle gab und der ihr auf die Finger schaute. Ja, es blieb sogar mal ein bisschen Zeit, um mit einer Nachbarsennerin zu ratschen. Manchmal kam auch ein Wanderer vorbei, der ein paar freundliche Worte mit ihr wechselte und gegen Bezahlung ein Haferl Milch wollte. Eines Tages tauchte ein ganz fescher Bursche auf. Seine grüne Kleidung wies ihn schon von Weitem als Jager aus. Während er mit Lisei vor ihrer Hütte am Tisch saß, erzählte er ihr, wo er angestellt sei und welches seine Aufgaben seien. Das imponierte der jungen Sennerin natürlich.

Nach einer Woche war der fesche Jägersmann wieder da. Liseis Augen strahlten, als er sich wieder zu ihr setzte, seine Milch trank und aus seinem beruflichen Leben erzählte. Dann ließ er sich auch aus ihrem Leben berichten. Es beeindruckte sie mächtig, dass er so viel Anteil an ihr nahm. So viel Beachtung hatte ihr bisher noch niemand geschenkt.

Nach drei Tagen war er schon wieder da. Diesmal erzählte er nicht nur. Er nahm sie zärtlich in die Arme und drückte ihr ein Busserl auf den Mund. Die junge Sennerin war wie benommen. Sie ließ sich von ihm in die Hütte drängen und leistete nicht den geringsten Widerstand, als er sie aufs Bett legte.

Nach diesem Tag besuchte er sie mit schöner Regelmäßigkeit, und Lisei schwebte im siebten Himmel. In ihrer Fantasie hörte sie schon die Hochzeitsglocken läuten. Das wär doch ein Mann fürs Leben! Er hatte einen angesehenen Beruf und dadurch ein festes Einkommen. Mit so einem konnte man eine Familie gründen. Ebenso wie Schwester Marei würde sie aus dem Dienstbotenstand aufsteigen in den einer Herrin.

Als dieser wunderschöne Almsommer zu Ende ging, war sie nicht traurig. Der Jägersmann hatte sich nach ihrer Adresse erkundigt und versprochen, er werde sie besuchen.

Fröhlich wie auf der Alm sang sie ihren Kühen im heimischen Stall beim Melken etwas vor. Nach einigen Wochen aber wurde sie immer stiller und in sich gekehrter. Lag das vielleicht daran, dass sich ihr Jager bis jetzt noch nicht hatte blicken lassen? Oder war sie etwa krank? Die Veränderung fiel sogar ihrer Schwester Marei auf, obwohl die weiß Gott genug um die Ohren hatte.

»Lisei, was ist los mit dir?«

»Ich weiß nicht, ich glaub, ich bin krank.«

»Dann geh morgen zum Doktor.«

Am nächsten Morgen wanderte die folgsame Schwester ins Dorf. Beim Arzt brauchte sie viel Geduld, denn das Wartezimmer war voller Leute. Endlich wurde sie ins Sprechzimmer gerufen. »Grüß Gott!«, empfing der Doktor sie. »Wen haben wir denn da?«

»Ich bin die Elisabeth Lichtmannegger, man nennt mich aber nur Lisei, und ich arbeite als Magd auf dem Steinbacher Hof«, schnurrte sie herunter wie auswendig gelernt.

»Aha, Lisei«, er duzte grundsätzlich alle Patienten, »was führt dich zu mir?«

»Herr Doktor«, antwortete sie mit kläglicher Stimme, »ich fürchte, ich bin krank.«

»Und welche Beschwerden hast du?«

Indem sie ihre rechte Hand auf dem Bauch hin und her bewegte, sagte sie: »Ich habe so einen Knollen im Bauch, und der rührt sich.«

Der Arzt lachte schallend auf. »Eine so originelle Umschreibung für eine Schwangerschaft habe ich noch nie gehört.«

Lisei jedoch stand verdutzt dabei und wusste nicht, was sie von der Äußerung halten sollte. Zaghaft erkundigte sie sich: »Sie lachen. Demnach scheint es nichts Ernstes zu sein?«

»Wie man es nimmt«, lautete seine Antwort. »Wenn du eine junge Ehefrau wärst, würde ich sagen: Du siehst einem freudigen Ereignis entgegen. Da du aber Dienstmagd bist, scheinst du ledig zu sein. Dann stehst du vermutlich vor einem Problem.«

Nun verlangte er gar, dass sie sich unten herum frei mache. Er drückte ihr nicht nur auf dem Bauch herum, er untersuchte sie auch zwischen den Oberschenkeln. »Wie ich vermutet habe, Lisei. Du erwartest ein Kind.«

»Ein Kind?«, fragte sie ungläubig. »Das ist doch nicht möglich.«

»Wieso nicht? Dir muss doch aufgefallen sein, dass deine Tage ausgeblieben sind.«

»Das schon. Aber das war mir nicht zuwider.«

»Wann hattest du denn deine Tage zum letzten Mal?«

Sie rechnete mit den Fingern nach. »Das muss im Juni oder Juli gewesen sein. Darauf habe ich nicht geachtet. Aber ich kann gar kein Kind kriegen, ich bin ja nicht verheiratet.«

Über so viel Naivität hätte der Arzt am liebsten wieder laut gelacht. Aber angesichts der erschreckten Augen seiner jungen Patientin unterdrückte er es, stattdessen sagte er in väterlichem Ton: »Zum Kinderkriegen muss man nicht verheiratet sein. Es genügt, dass du intimen Verkehr mit einem Mann hast.«

Diese Äußerung verstand sie zwar auch nicht, aber ihr dämmerte, was er damit meinte. »Und wann, meinen Sie, dass das Kind kommt?«, fragte sie noch, ehe sie ihren Geldbeutel öffnete und den verlangten Betrag zahlte.

»Schwer zu sagen, da du nicht genau weißt, wann deine letzte Periode war. Aber ich rechne mal im April oder Mai damit.«

»Was hat der Doktor gesagt?«, überfiel Marei ihre Schwester schon an der Haustür.

»Ich bekäme ein Kind, hat er gemeint.«

»Mein Gott!« Die Marei schlug die Hände über dem Kopf zusammen. »Auch das noch! Und wann soll das bittschön sein?«

»Im April oder Mai.«

»Das geht ja noch. Dann kannst ja im Juni wieder auf die Alm. Weißt wenigstens, wer der Kindsvater ist?«

»Ja. Stefan heißt er. Mitterer Stefan.«

»Weißt auch, wo er wohnt?«

Die Magd schüttelte den Kopf.

»Ist er ein Knecht?«

Lisei schüttelte abermals den Kopf.

»Also ist er Bauer?«

»Auch nicht.«

»Nun red schon!« Allmählich wurde die Marei ungeduldig. »Lass dir nicht jedes Wort aus der Nase ziehen.«

Nun genoss es Lisei, ihren Trumpf langsam auszuspielen: »Jager ist er. Bei der hiesigen Forstbehörde ist er angestellt. Aber er ist etwas Höheres. Er muss die anderen Jager beaufsichtigen.«

»Aha! Dann werden wir das Bürscherl schon finden. Und wenn er dich nicht heiraten will, muss er wenigstens zahlen. Ich sehe nicht ein, dass sein Bankert auf unsere Kosten aufwachsen soll.«

Marei ließ die Beziehungen ihres Mannes spielen und hatte nach wenigen Tagen schon wichtige Einzelheiten herausgebracht. Also der saubere Herr hatte mindestens noch eine Braut. Die lebte in Lofer in Tirol. Die erwartete ebenfalls ein Kind von ihm. Und damit er weder die eine noch die andere heiraten musste, und weil er sich auch um die Alimente drücken wollte, hatte er sich abgesetzt. Wohin, das würde man schon noch herausbringen.

Tatsächlich, nach etwa zwei Wochen erhielt man auf dem Steinbacher Hof die Mitteilung, dass der Stefan nunmehr bei der Forstverwaltung in Salzburg angestellt sei. Da man ihn zur Rede stellte, gab er sogar zu, der Vater von Liseis ungeborenem Kind zu sein, und erklärte sich auch bereit, den üblichen Kindesunterhalt zu zahlen.

Als die Steinbacherin Lisei diese Botschaft überbrachte, tropften der ein paar Tränen aus den schönen blauen Augen. Ihr schöner Traum vom Heiraten war zerplatzt. Doch Marei verstand es, ihre Schwester zu trösten: »Sei froh, dass du diesen Hallodri nicht heiraten musst. Wenn der jetzt schon doppeltes Spiel getrieben hat, was meinst, wie oft der dich dann in der Ehe betrügen würde! Sei froh, dass er wenigstens bereit ist zu zahlen.«

»Und wenn er nicht zu seinem Wort steht?«, äußerte die verlassene Braut ihre Bedenken.

»Das wird er schon. Das scheint mir gewiss. Da man seinen neuen Aufenthaltsort so schnell ausfindig gemacht hat, wird er begriffen haben, dass ihm eine weitere Flucht nichts nützt, selbst wenn dic bis zum Ende der Welt gehen sollte.«

Insgeheim war Marei froh, dass ihr die Magd erhalten blieb. Denn eine so tüchtige und selbstlose Dirn würde sie so schnell nicht wieder finden.

Lisei war vorerst mit ihrem Geschick zufrieden, glaubte sie doch, hier auf dem Hof ihrer Schwester werde für sie und ihr Kind gesorgt. Sie malte sich schon aus, wie es sein würde, wenn das Kind im Sommer bei ihr auf der Alm sein würde. Doch dieser Traum sollte ebenfalls bald zerplatzen.

»Hier bei uns kannst nicht entbinden«, eröffnete ihr die ältere Schwester einige Wochen vor der Niederkunft. »Da du nicht die bayerische Staatsbürgerschaft besitzt, musst du zur Entbindung nach Österreich gehen.«

»Zu wem soll ich denn gehen?«, jammerte die werdende Mutter. »Ich kenne doch niemanden. Außer natürlich die vom Edinger Hof. Bei denen brauch ich mich aber gar nicht erst blicken lassen. Die sind gewiss noch schlecht zu sprechen auf mich, weil ich so Knall auf Fall von denen weggegangen bin.«

»Zu denen musst du auch nicht. Es ist schon alles geregelt. Du gehst nach Kirchdorf, zu unserem Onkel.« – Es handelte sich um einen Bruder ihrer Mutter, der dort eingeheiratet hatte. – »Mit seiner Frau ist bereits alles besprochen. Sie ist sehr freundlich, und es ist ihr recht, wenn du schon ein paar Tage früher kommst. Musst halt ein bissel mithelfen, so gut das noch geht.«

»Und dann komm ich mit dem Kind wieder her?«

»Um Gottes willen, nein! Wo denkst du hin! Du musst ja wieder arbeiten. Dabei würde dir das Kind nur im Weg sein.«

»Der Kindsdirn würde es gewiss nichts ausmachen, wenn sie auf zwei Kinder aufpassen müsst.«

»Das geht nicht, die hat zwischendurch genug andere Arbeit. Außerdem, es wäre bestimmt nicht gut für so ein kleines Putzele, wenn es schon eine so weite Reise machen müsste. Wie wolltest du es auch von Kössen bis Blindau tragen? Du hast doch in der einen Hand deinen Koffer.«

Das leuchtete der Schwangeren ein.

»Außerdem«, fuhr die Bäuerin in ihrer Erklärung fort. »Wenn ich dein Kind hier aufnähme, dann kämen nachher auch die anderen Mägde mit ihren Bankerten und würden verlangen, dass sie hier aufwachsen.«

»Ja, aber wo soll mein Kind bleiben?«

Auch das hatte Marei bereits geregelt. »Die Tante in Kirchdorf weiß eine gute Pflegestelle bei einem Kleinhäusler, der sich gern ein paar

Kronen verdienen will. Seine Frau kommt etwa um die gleiche Zeit nieder, sodass dein Kind auch weiterhin seine Muttermilch kriegt.«

Es lief alles, wie es die Steinbacherin geplant hatte. In der zweiten Aprilwoche begab sich Lisei mit ihrem Handköfferchen zu Fuß durch das Tal nach Kössen. Dort bestieg sie die Postkutsche, die sie nach Kirchdorf brachte. Der Hof der Verwandten war schnell gefunden. Aber unter freundlicher Aufnahme hatte sich die werdende Mutter etwas anderes vorgestellt. »Bist schon da?«, war das Einzige, was die Tante zu ihrer Begrüßung hervorbrachte. Und beim Nachtessen setzte sie ihr eine äußerst spärliche Mahlzeit vor.

Vielleicht lag es an dem langen Fußmarsch, vielleicht lag es aber auch an dem Gerumpel in der Postkutsche, vielleicht lag es aber auch nur an der Aufregung, in einer fremden Umgebung zu sein. Jedenfalls setzten bereits in der ersten Nacht bei Lisei die Wehen ein. Vor Tagesanbruch wagte sie es aber nicht, die Tante davon in Kenntnis zu setzen. Nach dem Frühstück machte sich dann die Tante auf den Weg. Nach einer knappen Stunde kehrte sie mit der Hebamme zurück. Die untersuchte die Gebärende, meinte, sie hätten noch reichlich Zeit, sodass sie noch nach der Kathi schauen könne. Die habe am Tag zuvor einen Buben bekommen. »Ah, ist er schon da?«, staunte die Tante. »Das ist die Frau, die dein Kind in Pflege nehmen wird«, fügte sie erklärend hinzu.

Zwei Stunden später kehrte die Geburtshelferin zurück. Nach erneuter Untersuchung erklärte sie, Lisei müsse sich weiterhin gedulden. Sie selbst werde, statt hier herumzusitzen, für ihre Familie das Mittagessen kochen. Zwei weitere Stunden waren vergangen. Die Wehen wurden immer heftiger, aber niemand war da, der Lisei Trost zugesprochen hätte. Die Tante schien so beschäftigt, dass sie sich in der ganzen Zeit nicht ein einziges Mal blicken ließ.

Seit dem Weggang der Hebamme waren etwa drei Stunden vergangen, da endlich erschien sie wieder und mit ihr die Tante. Dann ging alles sehr hektisch zu. Die Tante konnte fast nicht schnell genug das heiße Wasser herbeischaffen, und die Geburtshelferin suchte nervös in ihrer großen Tasche nach den benötigten Instrumenten. Wie durch ein Wunder klappte dann doch noch alles. Ehe sich die Hebamme versah, hatte Lisei ein gesundes, kräftiges Mädchen geboren.

Bisher hatte sich die junge Mutter noch keinen Gedanken über einen Namen gemacht. Da die Hebamme für ihren Eintrag aber einen Namen brauchte, sagte Lisei: »Nimmst halt den meinen: Elisabeth.«. Also stand später in der Geburtsurkunde: Elisabeth Lichtmannegger, geboren am 23. April 1889.

Vierzehn Tage durfte die Wöchnerin noch im Hause des Onkels verweilen, dann drängte die Tante darauf, dass sie das Kind endlich bei der Pflegemutter abgebe und sich auf den Heimweg mache. Muttertränen fielen auf die kleine Elisabeth, als Lisei sie der fremden Frau überreichte. Während sie den Unterhalt für den ersten Monat zahlte, schaute sie sich ein wenig um.

›Hier lasse ich das Kind gewiss nicht lange‹, dachte sie. ›Die Pflegemutter hat böse Augen, und außerdem ist es mir hier zu dreckig und zu unordentlich.‹

Auf dem Steinbacher Hof wurde sie bereits sehnsüchtig erwartet. Die beiden Schwestern kamen überein, dass sie ihrer Mutter von der Geburt dieses Enkelkindes besser nichts mitteilten.

An ihrem nächsten freien Nachmittag marschierte Lisei in Blindau von Haus zu Haus auf der Suche nach einer Pflegestelle für ihre Kleine. Beim Wurzinger fand sie diese schließlich. Also stand sie vier Wochen, nachdem sie ihr Dirndl in Kirchdorf zurückgelassen hatte, erneut vor der Tür der Pflegemutter. Diese war recht ungehalten, dass die Lisei, statt für den zweiten Monat zu zahlen, die Herausgabe des Kindes verlangte. »Ja, wieso das?«

»Ich habe einen Pflegeplatz in meiner Nachbarschaft gefunden. So kann ich das Kind öfters sehen.« Gegen dieses Argument ließ sich nichts vorbringen.

Beim Wurzinger war das Kind wesentlich besser untergebracht, und vor allem konnte Lisei es wirklich viel öfter sehen und sich an seinen Fortschritten erfreuen. Im Sommer war das allerdings nicht möglich, weil Lisei auf der Alm weilte. Schwester Marei gestattete nicht, dass sie das Kind dorthin mitnahm, das sie nur von der Arbeit abhalten würde.

Für die drei Lichtmannegger-Schwestern, die nach Reit im Winkl eingewandert waren, sollten die Neunziger sehr ereignisreiche Jahre werden.

Wie wir uns erinnern, fand im Frühjahr 1891 die Hochzeit von Lenei statt. Im Jahr darauf sah Marei wieder Mutterfreuden entgegen. Deshalb wurde eine der leer stehenden Kammern hergerichtet für den Stammhalter, der bis dahin mit in der Elternkammer geschlafen hatte. Er musste also Platz machen für den Neuankömmling.

Am 16. März 1892 war es dann so weit. Am Nachmittag gegen fünf Uhr tat die kleine Tochter ihren ersten Schrei. Sie wurde Maria genannt. Lisei durfte wieder die Kindsmagd spielen, bis sie Mitte Juni abermals auf die Winklmoos-Alm ging. Für die Zeit ihrer Abwesenheit engagierte man wieder ein Schulmädel als Kindsdirn.

Im Dorf hatte es sich längst herumgesprochen, dass die Steinbacher-Lisei ein lediges Dirndl hatte, das beim Wurzinger aufwuchs. Deshalb glaubte wohl der eine oder andere Knecht, dass er bei ihr leichtes Spiel habe, und am Abend machte sich so mancher Bursche die Mühe, auf die Alm zu steigen. Lisei ließ sie aber allesamt abblitzen mit den Worten: »Schleich dich! Ein lediges Kind langt mir.«

Als Lisei nach diesem Sommer wieder auf den Hof kam, gab es eine Neuerung für sie. Ihre kleine Nichte Maria war inzwischen abgestillt, wachte aber weiterhin mitten in der Nacht auf und schrie so erbärmlich, dass die Nachtruhe ihrer armen Eltern sehr beeinträchtigt war. Zu dem kleinen Sepp in die Kammer wollte man den Schreihals auch nicht legen, sonst wäre der womöglich im Schlaf gestört worden. Davon abgesehen war es wichtig, dass eine erwachsene Person zur Stelle war, die dem Kind die Flasche geben, ihm die Windeln wechseln oder es herumtragen konnte. Also richtete man ein zweites

Kinderzimmer her. In dieses stellte man zusätzlich Liseis Bett, das bisher in der Mägdekammer gestanden hatte. Es zeigte sich bald, dass Lisei tatsächlich eine beruhigende Wirkung auf ihre kleine Nichte hatte. Sie wachte zwar nach wie vor in der Nacht auf, aber ihre Tante schaffte es jedes Mal, sie schnell zu beruhigen, sodass ihr noch genug Schlaf blieb.

Obwohl Mareis Schwester auf dem Hof immer mit genug Arbeit eingedeckt war, ließ man ihr Zeit für den sonntäglichen Gottesdienst. Manchmal durfte sie sogar in der herrschaftlichen Kutsche mitfahren, meist war sie aber zu Fuß unterwegs. Eines Sonntags sprach sie ein Bursche an, der ebenfalls auf dem Heimweg nach Blindau war. Vermutlich hatte er auf die übliche Einkehr ins Wirtshaus verzichtet, um eine Gelegenheit zu finden, die Magd anzusprechen.

Er habe sie schon öfters von Ferne gesehen, eröffnete er das Gespräch. Sie gefalle ihm, und er möchte sie gerne näher kennenlernen. Da er nicht zuwider aussah, und da er seinen Wunsch höflich und bescheiden vorgetragen hatte, verabredete sie sich für den folgenden Sonntagnachmittag mit ihm.

Die letzten Oktobertage zeigten sich von ihrer goldenen Seite, und die jungen Leute genossen die wärmenden Sonnenstrahlen, als sie durch die herbstliche Landschaft schlenderten. Liseis Herz und Gemüt wurden aber nicht nur durch die Sonnenstrahlen erwärmt, sondern auch durch die Auskünfte, die sie auf ihre behutsamen Fragen vom Georg Windbichler bekam. Er arbeite zwar als Knecht auf dem Hof seines Vaters, aber in absehbarer Zeit werde ihm als dem Ältesten das Sach vom Vater übergeben. Das hörte sich so gut an, dass sich die Magd bereitwillig von ihm in die Arme nehmen und abbusseln ließ. Und ihre Gedanken verstiegen sich erneut zu Zukunftsplänen. Wenn der Georg es mit ihr wirklich ernst meinte, würde sie auch bald Bäuerin sein. Dann konnte ihre Schwester nicht mehr auf sie herabblicken, und vor allem: Dann brauchte sie sich nicht mehr von ihr herumkommandieren zu lassen.

Den nächsten Spaziergang machten die beiden Ende November. Inzwischen hatte eine leichte Schneedecke den Tann in einen Märchenwald verwandelt, und das junge Paar ließ sich von seinem Zauber gefangen nehmen. Immer wieder blieben sie stehen zu einer zärtlichen Umarmung und zu leidenschaftlichen Küssen. Beim Abschied meinte Georg: »Beim nächsten Mal kann schon so viel Schnee liegen, dass man nicht mehr durchkommt. Weißt kein warmes Platzerl, wo wir uns treffen können?«

Sie wusste eines. »Wenn alle schlafen, führe ich dich durch die Scheune in meine Kammer.«

Das passte ihm. So ließ sie ihn immer wieder bei Nacht und Nebel unbemerkt in ihre Kammer, wo nur das schlafende kleine Mädchen Zeuge war.

Wie zu erwarten war, blieben die geheimen Treffen nicht ohne Folgen. Im März eröffnete die Lisei ihrem Liebsten, dass er bald Vater werde.

»Das ist ja wunderbar«, frohlockte der. »Das werde ich gleich meinem alten Herrn erzählen. Wenn der weiß, dass es bei mir mit Nachwuchs klappt, wird er mir den Hof gewiss bald überschreiben. Dann können wir heiraten.«

Der alte Windbichler war dann doch nicht so schnell bei der Sache, wie sich der Sohn das erhofft hatte. »Wart erst mal ab, ob ein Bub dabei herauskommt. Dann reden wir weiter.«

Diese Mitteilung erschütterte die Lisei nicht allzu sehr. Sie war sich ziemlich sicher, dass es diesmal ein Bub sein würde. Denn dieses Kind strampelte viel lebhafter als der »Knollen«. Von ihrer erneuten Schwangerschaft erzählte sie Marei nichts. Ja, um ganz sicher zu gehen, dass diese nicht zu schnell dahinterkomme, ließ die kluge Magd alle vier Wochen eine Kuh zur Ader und fing das Blut in einem Glas auf. Damit benetzte sie ihre Binden, die sie gut sichtbar ins Waschhaus legte.

Zunächst stieg sie wieder auf die Alm und war somit ihrer Schwester aus den Augen. Als sie aber in der zweiten Septemberwoche auf den Hof zurückkehrte, ließ sich ihr Zustand nicht mehr verbergen.

»Ja, Lisei«, fauchte ihre Schwester sie an. »Hast etwa schon wieder Dummheiten gemacht?«

»Ja, Marei, aber diesmal könnt ich heiraten.«

Da schlug die Steinbacherin die Hände überm Kopf zusammen und sprach in weinerlichem Ton: »Mei, Lisei, das wirst uns doch nicht antun! Dann haben wir ja keine Sennerin mehr.«

»Du wirst leichter eine neue Sennerin finden als ich einen Hochzeiter«, entgegnete die Magd. Damit schien sich die Bäuerin zufriedenzugeben. Weil Lisei nicht die geringste Lust verspürte, wieder zur Entbindung nach Österreich zu gehen, verschleierte sie vor ihrer Schwester den Geburtstermin. Als dann am 20. Oktober die Wehen recht heftig einsetzten, war es für eine Reise nach Kirchdorf zu spät. »Aber das geht doch nicht«, lamentierte die Bäuerin, »dass dein

Kind hier zur Welt kommt. Das wird Schwierigkeiten geben mit den Behörden.«

»Was wollen die denn machen? Wenn das Kind auf bayerischem Boden geboren wird, können die das auch nicht mehr rückgängig machen.«

Knurrend fügte sich die Marei drein und schickte nach der Hebamme. Der jammerte sie dann auch vor, dass es die größten Schwierigkeiten geben könne, wenn Liseis Kind in Bayern geboren werde. Doch diese beherzte Person hatte gleich eine Lösung parat: »Geben wir das Kind doch einfach für das deine aus. Dann gibt's keine Probleme mit den Behörden.«

Doch mit diesem Vorschlag, der noch nicht mal ernst gemeint war, kam sie bei der Marei schlecht an. »Wer bin ich denn? Ich lass mir doch nicht einfach einen Bankert unterschieben!«, tobte sie.

Am Abend desselben Tages war er dann da, der kleine Johann, auf den die Mutter ihre ganze Hoffnung gesetzt hatte. Durch dieses Kind würde sie endlich Bäuerin werden! Der Kindsvater erschien auch tatsächlich in den nächsten Tagen, schaute sich sein Büberl voller Stolz an und versprach, mit seinem Vater zu reden.

Eigenartigerweise hörte und sah man danach

nichts mehr von ihm. Die junge Mutter bekam noch nicht mal die Gelegenheit, ihn wegen der versprochenen Heirat zur Rede zu stellen. Die monatlichen Zahlungen gingen allerdings pünktlich ein, durch einen Mittelsmann. Nach einiger Zeit keimte in der Lisei der Verdacht auf, ihre Schwester habe da irgendwie die Hand im Spiel gehabt. Beweisen konnte sie jedoch nichts. Deshalb hielt sie es für gescheiter, den Mund zu halten.

Wenn Lisei insgeheim gedacht hatte, als Entschädigung für die entgangene Hochzeit dürfe sie wenigstens das Kind selbst aufziehen, hatte sie sich gewaltig geirrt. Als Klein-Hans sechs Wochen alt war, brachte Marei ihn eigenhändig in eine Pflegefamilie in der Nachbarschaft. Der Kindsvater heiratete schon bald eine Bauerntochter aus Kössen, die ihm eine ganz schöne Mitgift einbrachte.

Nun teilte Lisei ihre freie Zeit gewissenhaft auf zwei Kinder auf. Sie wollte keines benachteiligen.

Im Sommer darauf weilte sie mit ihren Tieren abermals auf der Hochweide, und wieder gab es einige Burschen, die bei der Sennerin ihr Glück versuchten. Sie aber zeigte allen die kalte Schulter, weil sie mittellose Knechte waren. Dann aber kam einer daher, der Johann, der sah nicht nur besonders gut aus, der hatte auch eine – wenn auch bescheidene – Einheirat zu bieten. Erst nachdem er ihr versichert hatte, er werde sie auf jeden Fall heiraten, sollte ihre Liebschaft Folgen haben, ließ sie ihn in ihr Bett. Von da an besuchte er sie an jedem Wochenende, und sie verlebten glückliche Stunden miteinander. Noch ehe es mit den Tieren wieder zu Tal ging, machte ihm die Lisei das Geständnis, dass sie in anderen Umständen sei.

»Dann werden wir halt heiraten«, war sein Kommentar. »Ich hab's dir ja versprochen.«

Wieder schmiedete die Sennerin Zukunftspläne. Sie gab sich ganz dem beseligenden Gedanken hin, bald Ehefrau zu sein und Herrin auf einem Kleingütl bei Grassau. Ihrer Schwester verriet sie nichts über ihren Zustand, bis die es von selbst merkte. »Und wer ist diesmal der Kindsvater?«, zeigte sie sich interessiert. Nicht ohne Stolz berichtete ihr Lisei, dass es Johann Fleindl, Gütlerssohn in Rottau bei Grassau, sei und dass sie, sobald das Kind da sei, heiraten wollten.

»Ja, mei, wie stellst du dir das vor? Du kannst doch nicht einfach heiraten. Du weißt doch, wie notwendig wir dich brauchen.«

»Ich will auch endlich einen eigenen Hausstand gründen«, wagte die Jüngere ihrer Schwester zu widersprechen.

»Was erwartest du dir davon?«, versuchte die Ältere, ihr das madig zu machen. »Meinst du, du hast es da besser als bei uns? Was kann dir ein Gütler schon bieten? Schaffen kannst da von der Früh bis auf d' Nacht und leidest trotzdem ständig unter Geldmangel, kriegst einen Haufen Kinder und weißt nicht, wie du sie satt kriegen sollst. Hier bei uns brauchst dich um Geld nicht zu kümmern. Du sitzt jeden Tag am gedeckten Tisch, kriegst an Gewand und Schuhen, was du benötigst, und hast keine Sorgen.«

Irgendwie leuchtete das der Lisei ein. Aber ohne sich einen Vorteil zu erhandeln, wollte sie ihren Liebsten nicht aufgeben. »Also gut, Marei, ich verzichte auf die Heirat, wenn du mir versprichst, dass ich das neue Kind selbst aufziehen darf.«

Marei, an Widerstand von ihrer Schwester nicht gewöhnt, musste einen Moment nachdenken. »Einverstanden«, ging sie schließlich auf den Handel ein. »Wenn's ein Dirndl wird, darf's bei dir aufwachsen. Aber zahlen muss er, der Schlawiner, in jedem Fall, umsonst mach ich das nicht.«

Die Lisei bekam keine Gelegenheit, dem Fleindl Johann zu sagen, dass sie nicht mehr auf der Heirat bestehe. Denn auf einmal blieb er grundlos aus. Anfangs dachte sich die werdende Mutter noch nichts dabei. Da er aber auch nicht erschien, nachdem sie ihm die Nachricht geschickt hatte, dass seine Tochter angekommen sei, regte sich bei Lisei auch in diesem Fall der Verdacht, dass ihre Schwester zur Sicherheit nachgeholfen hatte, ihn zu vergraulen, auf welche Weise auch immer.

Aber ich habe vorgegriffen. Noch bevor das Kind geboren war, hatte die Marei ihre Maßnahmen ergriffen, dass Lisei rechtzeitig nach Österreich komme. Ein zweites Mal wollte sie sich nämlich nicht mehr an der Nase herumführen lassen. Sie hatte eigens ihre Hebamme herbestellt, damit diese die Schwangere untersuche und ihr den Geburtstermin errechne. Diese meinte, so um den 15. April herum könne es so weit sein.

»Gut«, bestimmte die Marei. »Damit ich sicher gehe, marschierst du bereits am 8. April los.« Sie machte sogar das Zugeständnis, dass Lisei nicht mehr zur Tante nach Kirchdorf müsse. In Kössen hatte sie rechtzeitig eine Familie ausfindig gemacht, bei der ihre Schwester entbinden konnte, und die auch das Kind in Pflege nehmen würden, falls es ein Bub sein sollte.

Bekanntermaßen halten sich in den meisten Fällen weder werdende Mütter noch Ungeborene an vorausberechnete Termine. Am 7. April, kurz nach Mitternacht, wachte Lisei auf mit leichten Bauchschmerzen. ›Ach, das hat nichts zu bedeuten‹, beruhigte sie sich selbst, drehte sich um und schlief wieder ein. Nach etwa einer Stunde wachte sie erneut auf. Das Ziehen war etwas stärker und hielt auch ein bisschen länger an. ›Dann werden das halt doch schon Wehen sein‹, erklärte sie sich das Phänomen. Aber eingedenk der Tatsache, dass sie bei beiden vorhergehenden Entbindungen viele Stunden gekämpft hatte, bis das Kind endlich da war, sagte sie sich: Wenn Marei unbedingt will, dass mein Kind auf österreichischem Boden geboren wird, kann sie mich ja mit der Kutsche hinbringen.‹

Aber dazu kam es nicht mehr. Gegen vier Uhr war der Schmerz so gewaltig, dass es die Gebärende aus dem Bett trieb. Sie schaffte es gerade noch bis vor ihre Kammertür, wo sie laut nach ihrer Schwester schrie. Im nächsten Augenblick hielt sie die Hände dahin, wo das Ungeborene mächtig in die Freiheit drängte, wankte breitbeinig zu ihrem Bett zurück, und schon hielt sie das Kind in Händen.

Sekunden später erschien Marei im Nachtgewand, mit zerzausten Haaren und einer brennenden Kerze in der Hand. »Was plärrst denn hier so rum?«, war ihre erste Reaktion. Und dann: »Jesus, Maria und Josef! Das ist ja eine schöne Bescherung.«

Das war es in der Tat. Eine Blutlache im Bett, eine davor auf dem Fleckerlteppich und Lisei mit dem blutverschmierten Kind in Händen, das aus Leibeskräften schrie. Vermutlich, weil ihm zu kalt war.

Nach der ersten Schrecksekunde handelte Marei sehr besonnen. Sie legte ein leinenes Handtuch über den kleinen nackten Menschen, trommelte den Rossknecht aus dem Bett und hieß ihn, die Hebamme abzuholen. Nach einer knappen Stunde war sie da. Mit Kennerblick stellte sie fest: »Das war eine Sturzgeburt.« Dann nabelte sie das Kind fachgerecht ab und badete es in dem warmen Wasser, das die Bäuerin mittlerweile herbeigeschafft hatte. Nun erst ließ sich erkennen, dass es ein Mädchen war. Lisei drückte es fest an sich. »Das gebe ich nimmer her. Du hast es versprochen.«

Noch am selben Tag erhielt die Kleine, die

recht zart wirkte, die Taufe. Es bekam den Namen Maria. Patin wurde jedoch nicht Marei, sondern Maria Mayer, Bauerntochter vom Nattersberg, die als Sennerin auf Liseis Nachbaralm arbeitete. Lisei hatte sich mit ihr bei ihrem ersten Almfest angefreundet.

Nun gab es also zwei kleine Marias auf dem Steinbacher Hof. Zweieinhalb Monate nach der Geburt des Kindes stieg Lisei erneut auf die Winklmoos-Alm. Aber nicht allein. Auf dem Arm trug sie ihr kleines Dirndl. Sie war glücklich, mit diesem allein zu sein, glücklich, dass ihr niemand dreinredete. In der frischen Höhenluft gedieh die Kleine prächtig. Immer wieder sang Lisei ihr alle Lieder vor, die sie kannte. Dabei schien das kleine Gesichtchen richtig zu strahlen. Ihre Arbeit vernachlässigte die Sennerin darüber keineswegs. Die Tiere und auch ihre Hütte hielt sie peinlich in Ordnung und lieferte reichlich guten Käse ins Tal, sodass ihre Schwester keinen Grund zur Klage hatte.

Im Jahr darauf, während Lisei wieder mit Tochter Maria auf der Alm weilte, kam bei Marei ein weiteres Kind an. Am 11. Juli 1896, in aller Herrgottsfrühe, wurde sie von einer kleinen Anna entbunden.

Es schien fast so, als wolle Lisei ihrer großen

Schwester im Kinderkriegen nicht nachstehen. Denn als sie im September des folgenden Jahres von der Alm zurückkehrte, war sie erneut in anderen Umständen. Diesmal gestand sie das ihrer Schwester rechtzeitig. Die ließ daraufhin eine Schimpfkanonade los, die mit den Worten begann: »Du wirst aber auch nicht gescheiter. Bist eine alte Kuh von neunundzwanzig Jahren und lässt dir schon wieder ein Kind andrehen.«

Als die Bäuerin zwischendurch Luft holen musste, führte Lisei zu ihrer Verteidigung an: »Ja, wennst immer so allein auf der Alm bist, da tut's dir schon gut, wenn dich ab und zu ein Mannsbild in den Arm nimmt.«

»Ich hab gedacht, jetzt, wo du dein Dirndl bei dir haben darfst, wärst nicht mehr so allein.«

»Das ist doch was ganz anderes. Ein Kind kann einem doch nicht das geben, was einem ein Mann gibt. Das müsstest du als Ehefrau und Mutter doch verstehen.«

Ja, für sich ließ die Bäuerin das gelten. Aber doch nicht für eine Dienstmagd! Auch wenn diese ihre Schwester war und sie ihr schon zwei Hochzeiter verleidet hatte.

Ein drittes Mal wollte die Steinbacherin nicht das Risiko eingehen, dass Lisei in ihrem Hause niederkam. Dieselbe Familie in Kössen, die sie sich schon für das letzte Mal ausgeschaut hatte, war bereit, die werdende Mutter aufzunehmen und anschließend das Kind in Kost zu nehmen. Damit ja nichts schiefgehe, schickte Marei ihre Schwester bereits drei Wochen vor dem errechneten Geburtstermin los. Schweren Herzens ließ Lisei ihre kleine Maria in der Obhut einer Magd zurück und wanderte am frühen Morgen mit ihrem Köfferchen los. Da ihr vermeintlich noch viel Zeit blieb, wollte sie einen kurzen Besuch im Schneiderhäusl machen. Gegen halb neun kam sie dort bereits an. Lenei freute sich riesig. Bei ihr hatte sich in der Zwischenzeit auch einiges getan. Außer der Viktoria, die sie mit in die Ehe gebracht hatte, war am 11. Oktober 1892 ein kleiner Franz angekommen und am 2. Juli 1897 eine Magdalena, die Leni gerufen wurde.

Nachdem Lisei die beiden Kleinen bewundert hatte, Viktoria befand sich in der Schule, kamen die beiden Schwestern so recht ins Ratschen. Der Lisei tat es richtig gut, dass sie sich mal über ihre Schwester Marei, die immer die strenge Herrin herauskehrte, ausklagen konnte. »Weißt, dass ich viel arbeiten muss, das stört mich nicht. Dass sie mich aber vor den anderen Dienstboten so abfällig behandelt, das ist mir schon arg zuwider.«

»Auf welche Weise tut sie das denn?«, wollte die Jüngere wissen.

»Jedes Mal, wenn ich draußen bei der Arbeit bin, plärrt sie über den ganzen Hof: ›Lappin, geh eini zum Untern!‹ (zu deutsch: Blöde, komm rein zur Zwischenmahlzeit!)

»Naa, naa«, schüttelte Lenei den Kopf. »Das müsst wirklich nicht sein. Der ist wahrscheinlich zu Kopf gestiegen, dass sie eine wohlhabende Bäuerin geworden ist.«

Auch dass ihr die Marei vermutlich einige Hochzeiter vergrault hatte, klagte sie der Schwester.

»Das traue ich ihr auch zu«, pflichtete Lenei ihr bei. »Ist doch verständlich, dass sie dich behalten will. So eine, mit der sie alles machen kann, und die dazu noch in allem so geschickt ist, findet die nicht so leicht wieder.«

Noch vieles redete sich Lisei vom Herzen. Danach fühlte sie sich so wohl und so befreit, dass sie vorschlug: »Lenei, lass uns eins singen, gejammert habe ich jetzt lang genug.«

Von ihrem Gesang waren sogar die Kleinen entzückt. Klein-Leni schlief seelenruhig ein, und der Franz versuchte schon mitzusingen. Unterdessen waren die Schwestern aber nicht untätig. Lenei ließ fleißig ihr Spinnrad surren, und Lisei strickte an einem Strumpf. »Weißt was?«, fragte auf einmal die Schneiderhäuslin, »du musst doch nicht um eine bestimmte Uhrzeit in Kössen sein. Du bleibst noch zum Mittagessen und marschierst danach erst los.«

Das war der Lisei gerade recht, und ihre Schwester begann damit, das Mahl vorzubereiten. Plötzlich griff sich Lisei mit schmerzverzerrtem Gesicht an den Bauch. »Nein, ich glaub, mit dem Essen das wird nichts mehr. Ich muss los, sonst derpack ich's nicht mehr.«

Die Jüngere machte keinen Versuch, die Schwester zurückzuhalten. Sie begleitete sie bis zur Haustür und schaute ihr nach, bis sie hinter einem Gebüsch verschwunden war. Die Schwangere war nämlich querfeldein in Richtung Österreich marschiert, um auf dem kürzesten Weg den Pfad zu erreichen, der nach Kössen führte. Sie ging so schnell, wie das in ihrem Zustand möglich war. Die Wehen folgten so dicht aufeinander, dass sie sich nicht mal traute, zum Schnaufen stehen zu bleiben.

Vielleicht war es aber gerade das anstrengende Gehen, das die Wehen noch förderte. Auf einmal spürte sie, wie ihr Wasser an den Beinen hinunterlief. Doch sie kämpfte sich tapfer vorwärts, Schritt für Schritt. Trotzdem, bald ging gar nichts mehr. Nur noch einen kleinen Graben hätte sie zu überwinden gehabt, dann wäre sie wenigstens an einem Haus gewesen, das auf der anderen Straßenseite stand. Aber das schaffte sie nicht mehr. Sie ging in die Hocke und fing das Kind mit beiden Händen auf, das sogleich seine kräftige Stimme erschallen ließ. Dann wälzte sie sich zur Seite und nahm das Neugeborene so in ihre Schürze, dass die Nabelschnur nicht abgedrückt werden konnte.

Noch bevor Lisei dazu kam, um Hilfe zu rufen, war die Bäuerin von dem Anwesen jenseits des Grabens schon auf dem Weg zu ihr. Diese war zufällig vorm Haus beschäftigt gewesen, als sie das Kindsgeschrei vernahm. Um nachzuschauen, was sich da in ihrer Wiese tat, hatte sie sich gleich auf das Geräusch zubewegt. »Um Gottes willen!«, rief sie aus, als sie die Frau mit dem Kind sah. »Bleib, wo du bist. Ich lasse die Hebamme holen.«

Während ein Knecht mit Kutsche und Ross davonstürmte, kehrte die Bäuerin mit einem Handtuch und einer Decke zurück. Das Tuch schlang sie um das Kind, die Decke wollte sie unter die junge Mutter schieben. »Lass gut sein«, lehnte die dieses Angebot ab. »Hilf mir lieber beim Aufstehen, mit einer Hand schaff ich es nicht, hochzukommen.« Mit der anderen hielt sie nämlich krampfhaft ihre Schürze zu.

Lisei war noch etwas wacklig auf den Beinen, aber sie stand immerhin. »Meinst, du kannst gehen?«, erkundigte sich die Bauersfrau besorgt.

»Wennst mir hilfst, wird's schon gehen.«

Die Bäuerin hakte die Fremde unter und führte sie in ihr Haus. »Jetzt noch die Treppe, dann kannst dich hinlegen, hier in der Dirndlkammer. Die beiden können auch mal in einem Bett schlafen.« Das Letzte sagte sie mehr zu sich selbst.

Lisei empfand es als sehr angenehm, sich in dem Bett ausstrecken zu können. Das Neugeborene, das inzwischen eingeschlafen war, legte sie neben sich. Schon wenig später rief sie: »Ich glaub, da kommt noch was.«

Geistesgegenwärtig griff die Bäuerin unters Bett und zog das Nachthaferl heraus. Darin fing sie die Nachgeburt auf. Anschließend hatte sie einige wichtige Fragen: »Wer bist du? Woher kommst du? Wo willst du hin?«

Die junge Mutter beantwortete nicht nur diese drei Fragen zur vollsten Zufriedenheit der hilfsbereiten Bäuerin, sie erzählte auch noch einiges mehr aus ihrem Leben.

Pferdegetrappel ließ die beiden mit einem Mal aufhorchen. Demnach war die Hebamme im

Anmarsch. Die Bäuerin führte sie herauf. Als die Hebamme den ersten Blick in die Dirndlkammer warf, rief sie überrascht aus: »Lisei, schon wieder du? Wie kommst du denn hierher?«

Ohne diese Frage zu beantworten, stellte Lisei gleich eine Gegenfrage: »Und du? Wie kommst du hierher? Ich bin doch in Österreich, oder etwa nicht?«

»Doch, gewiss«, antwortete die Geburtshelferin. »Aber der Rossknecht stammt aus Reit im Winkl und weiß, wo ich wohne. Er meinte, zu mir wäre es näher als zu der Hebamme von Kössen.«

Dann waltete sie ihres Amtes und erfuhr nebenbei, auf welch abenteuerliche Weise dieses Kind das Licht der Welt erblickt hatte. »Und wie soll der Bua heißen?«, fragte sie dann, weil sie ja ihre Eintragungen machen musste.

»Stefan«, antwortete die Wöchnerin, ohne sich lange zu besinnen.

»Stefan?« Die Hebamme hob die Augenbrauen. »Heißt etwa der Kindsvater so?«

Die junge Mutter nickte. Am Nachmittag brachte der Rossknecht die Hebamme nach Reit im Winkl zurück, wo sie sich umgehend zum Herrn Pfarrer begab. Im Kirchenbuch sollte sich später der Eintrag finden: Stefan Lichtmannegger, ill., geboren am 29. April 1898 vormittags um elf Uhr, Taufe am 30. April 1898, Mutter des Kindes Elisabeth Lichtmannegger, Dienstmagd in Blindau, Vater des Kindes Stefan Fischer, Dienstknecht (Gartnerssohn), Patin Maria Mayer, Bauerntochter vom Nattersberg. III. Fall, die Mutter 29 Jahre alt.

Zwei Wochen behielt die treu sorgende Bäuerin ihren so plötzlich hereingeschneiten Gast mitsamt seinem Kind bei sich. Dann hielt es die Lisei für an der Zeit, sich zu verabschieden. Sie ging aber nicht geradewegs nach Hause, sondern machte den Umweg über das Schneiderhäusl. Sie musste ihrer Schwester doch von der aufregenden Geburt des kleinen Stefan berichten. Nur dadurch ist die Geschichte überliefert worden. Lisei machte noch einen zweiten Besuch, nämlich im Gaschtner-Anwesen. Die rührige Hebamme hatte nämlich in der Zwischenzeit ausgemacht, dass diese Familie den kleinen Stefan in Pflege nehmen werde. Danach kehrte die Magd in ihren Alltag zurück. Sie ging weiterhin ihrer Arbeit nach, als sei nichts gewesen.

Für Elisabeth Lichtmannegger auf dem Thannhof zu Waidring gingen unter Arbeit die Jahre dahin. Sie arbeitete gern. Sie war ja froh, dass ihr die Gesundheit und die Kraft dazu gegeben waren. Von ihren Kindern hörte sie jedoch, bis auf die spärlichen Weihnachtskarten, nichts. So wurde der Wunsch in ihr, sie wiederzusehen, immer mächtiger. Es schien sich allerdings keine weitere Hochzeit anzubahnen. Deshalb sann sie auf eine andere Möglichkeit. Dabei kam ihr ein Zufall zu Hilfe. Und so erhielt Marei ganz außer der Reihe einen Brief von ihrer Mutter.

Waidring, den 5. August 1899

Liebe Marei!
Du wunderst Dich vielleicht, dass ich Dir schreibe, obwohl es noch weit hin ist bis Weihnachten. Aber wie Du weißt, werde ich am 14. September siebzig. Dafür kann ich unserem Herrgott gar nicht genug danken, dass ich ein so hohes Alter erreichen durfte, noch dazu bei bester Gesundheit und ausreichend Schaffenskraft. Auch muss ich dankbar sein, dass ich bei einer so guten Herrschaft dienen darf. Ja, stell Dir vor, sie sind so nett, dass sie mir an meinem Geburtstag den ganzen Tag freigeben. Deshalb habe ich gedacht, ich könnte dann nach Reit im Winkl wandern. Ich möchte nämlich so gerne meine Kinder wiedersehen, wenigstens einen Teil davon, und meine Enkel kennenlernen. Nicht, dass ich bei Euch groß feiern möchte. Es reicht mir, wenn wir ein paar Stunden zusammensitzen und erzählen können. Bis

dahin wird Lisei gewiss schon von der Alm zurück sein, und wenn nicht, kann ich den Heimweg etwas früher antreten und sie in ihrer Hütte besuchen. Mit gleicher Post schicke ich einen Brief an Lenei, worin ich sie bitte, an meinem Geburtstag nach Blindau zu kommen. Denn um auch noch bis Oberbichl zu wandern, reicht meine Zeit nicht.

Es ist Dir doch hoffentlich recht, wenn Lenei mit ihren Kindern für ein oder zwei Stunden zu Dir kommt? Ich werde in der Früh um acht Uhr losmarschieren, dann dürfte ich etwa um elf Uhr bei Euch sein.

Ich bin gespannt auf Deine Antwort.

Herzliche Grüße, Deine Mutter.

PS: Grüße bitte auch Deinen lieben Mann von mir.

So sehr sich Marei über den Brief von ihrer Mutter freute und die Ankündigung, dass sie komme wolle, damit stand sie aber vor einem Problem. Die Mutter durfte auf keinen Fall die Lisei auf der Alm besuchen. Dann würde sie die kleine Maria sehen, und ihre Tochter musste Farbe bekennen. Man hatte ihr nämlich bewusst alle Kinder von Lisei verschwiegen.

Der Geburtstag der Mutter fiel auf einen Dienstag. Also musste das Vieh, egal, wie das

Wetter dann sein würde, am Samstag davor in den heimatlichen Stall zurückkehren. Hier im Dorf würde sich leichter eine Möglichkeit finden, das Kind für ein paar Stunden unsichtbar zu machen.

Die Bäuerin schickte ihre Knechte, die beim Almabtrieb helfen sollten, also bereits am 11. September nach oben. Der sehr verwunderten Sennerin erklärten sie, dass sie rechtzeitig zum siebzigsten Geburtstag der Mutter zu Hause sein solle. Diese Mitteilung beflügelte sie so, dass sie nach kurzer Zeit bereits alles zusammengepackt hatte.

Am Montag vor dem Festtag musste Lisei zwei Zwetschgendatschi backen, weil Marei mit der ganzen Familie den Geburtstag der Mutter gebührend feiern wollte. Am Morgen des bewussten Tages befahl die Marei ihrer Schwester: »Dein Dirndl bringst für ein paar Stunden zum Wurzinger. Das ist mit denen schon ausgemacht.«

Lisei redete nicht dagegen und stellte auch keine Fragen. Ihr war eh klar, was das zu bedeuten hatte.

Ja, dann verlief der Tag sehr harmonisch. Mutter Elisabeth traf tatsächlich kurz nach elf ein. Die Köchin hatte ein besonders gutes Mahl bereiten müssen, und alle nahmen um den großen Esstisch Platz, nicht nur die Familienmitglieder, auch alle Dienstboten durften mitfeiern. Dann ging's für Letztere wieder an die Arbeit. Die Mutter aber und ihre beiden Töchter setzten sich auf die Hausbank, wohin die Sonne noch recht warm schien. Während sie über alte Zeiten sprachen, schauten sie Mareis Kindern beim Spielen zu. Kurz nach zwei traf auch Lenei ein. Ihre beiden Jüngsten, Leni, drei, und Franz, sechs Jahre alt, saßen im Handwagerl, von der Mutter und der zehnjährigen Viktoria gezogen.

Gegen drei ging es an die Kaffeetafel, und um vier Uhr musste die Großmutter schon wieder aufbrechen. »Es war wunderschön«, bedankte sie sich bei ihrer Ältesten. »Das war der schönste Geburtstag, den ich je hatte. Den werde ich so schnell nicht vergessen.« An alle gewandt fuhr sie fort: »Es war mir eine so große Freude, mit euch zusammen zu feiern. Wahrscheinlich war es das letzte Mal, dass wir uns gesehen haben.«

»Sag doch so etwas nicht, Mutter«, widersprach ihr Lenei. »Vielleicht sehen wir uns ja mal bei einer Hochzeit wieder. Du hast ja noch drei unverheiratete Kinder.«

»Ja, schön wär's schon«, seufzte sie, fügte aber resignierend hinzu: »Daraus wird aber gewiss nichts werden. Denn alle drei sind in dienender Stellung, da ist es nicht so leicht mit dem Heiraten.« Sie wandte sich zum Gehen und schaute sich nicht mehr um. Ihre Töchter sollten nicht sehen, dass ihr Tränen aus den Augen fielen.

Drei Jahre waren vergangen, da war Lisei schon wieder schwanger. Wo und wie es diesmal dazu gekommen war, konnte ich nicht in Erfahrung bringen. Dieses Kind wurde am 9. September 1902 um zwölf Uhr mittags auf der Alm geboren. Beistand leistete der Gebärenden nur ihre Freundin Maria, die Bauerntochter vom Nattersberg. Maria, Liseis Tochter, mittlerweile sieben Jahre alt, hatte die Freundin rechtzeitig herbeigerufen.

Diese brauchte keine Hebamme zur Entbindung. Mit der Schere aus Liseis Nähkastl nabelte sie das Kind selbst ab, wie sie das durch Zuschauen bei der Hebamme gelernt hatte. Maria Mayer war es auch, die das Kind eigenhändig von der Alm bis zur Kirche trug. Sie machte dem Pfarrer alle Angaben und ließ als Kindsvater Johann Huber eintragen. Ehe sie das Kind wieder auf die Alm zurückbrachte, wurde es auf den Namen Anna getauft, wobei sie das Patenamt übernahm.

Wenige Tage später war der Almabtrieb. Die

beiden Knechte, die heraufgeschickt worden waren, um der Sennerin dabei zu helfen, staunten nicht schlecht, als Lisei mit einem schreienden Bündel aus der Hütte kam. Und der Marei blieb fast die Luft weg, als ihre Sennerin mit einem Säugling auf dem Arm, gefolgt von ihrer Tochter Maria, den Hof betrat. »Hier kannst deinen neuen Bankert aber nicht lassen«, herrschte sie ihre Schwester an. »Das weißt schon!«

Am liebsten hätte sie der Lenei das Neugeborene entrissen und sofort nach Kössen verfrachtet. Sie traute sich aber nicht, denn sie wollte nicht daran schuld sein, wenn dem Kind infolge des zu frühen Entzugs von Muttermilch etwas passierte. Nach fünf Wochen aber packte sie den Säugling ein und kutschierte ihn eigenhändig zu der Pflegefamilie, die durch Liseis eigenwilliges Verhalten schon zweimal leer ausgegangen war.

In den letzten Tagen ihres Almaufenthaltes im Sommer 1904 musste es wieder passiert sein, denn im März des darauf folgenden Jahres nahm Liseis Bäuchlein eine solche Rundung an, dass Schwester Marei entsetzt ausrief: »Ja, was ist denn das schon wieder?! Hast dich etwa schon wieder mit einem Kerl abgegeben?«

Die Magd zuckte nur resignierend die Schultern.

»Du bildest dir wohl ein, wenn du damit lange hinterm Berg hältst, wird's weniger schlimm«, raunzte Marei ihre Schwester an. »Da täuschst du dich aber. Am Ende wirst im Juni gar nicht auf die Alm können?«

»Das wird schon gehen«, antwortete die Schwester zerknirscht. »Aber vielleicht erst einige Tage später.«

»Einige Tage später! Ja, meinst, wegen dir reicht uns das Heu länger als sonst?«

Lisei zuckte wieder die Schultern. Schon setzte die Bäuerin ihre Rede fort: »Aber das sag ich dir, diesmal bist rechtzeitig in Kössen. Ich werde dich eigenhändig hinbringen.«

Das tat sie auch, und zwar bereits Ende Mai. So traf Lisei endlich in der Familie ein, bei der sie schon hätte ihren Stefan zur Welt bringen sollen und bei der ihre kleine Anna lebte, mittlerweile fast drei Jahre alt. Diese wurde aber von allen dort Nanni genannt. In der Familie lebte nämlich noch ein weiteres Pflegekind mit dem Namen Anna.

Als Lisei freudestrahlend auf das Kind zuging, lief es schreiend davon und suchte Schutz bei der Pflegemutter. Das gab der leiblichen Mutter einen Stich ins Herz. Aber die Reaktion des Kindes war verständlich. Die Mutter war ihm fremd, es hatte sie ja einige Monate nicht gesehen.

Außer dass Lisei ein bisschen im Haushalt mithalf, kümmerte sie sich in ihrer »Wartezeit« viel um ihre kleine Tochter, die von Tag zu Tag zutraulicher wurde. Am 9. Juni war es dann so weit: Lisei wurde von einem Buben entbunden. Diesmal leistete die Kössener Hebamme Geburtshilfe, wie es Vorschrift war. Damit sie den kleinen Martin auch ordnungsgemäß beim Pfarramt anmelden konnte, erfragte sie einige Daten von der Mutter. Auf die Frage nach dem Namen des Kindsvaters blieb ihr diese jedoch die Antwort schuldig.

»Willst du mir etwa weismachen, du kennst den Kindsvater nicht?«, fragte die Hebamme mit Nachdruck.

»Freilich kenn ich den. Er ist ein fescher Handwerksbursch.« Sie verdrehte schwärmerisch ihre Augen. »Er hat mich ein paarmal auf der Alm besucht.«

»Und den hast ins Bett gelassen, ohne ihn nach seinem Namen zu fragen?«

»Freilich hab ich ihn danach gefragt. Ich hab ihn sogar gefragt, wo er herkommt, weil sein Name bei uns nicht gebräuchlich ist.«

»Und was hat er geantwortet?«

»Er komme aus dem Bayerischen Wald, hat er gesagt, und er arbeite beim Penzmüller. Dann habe ich ihn gefragt, ob er da genug verdiene, um eine Familie ernähren zu können. ›Freilich‹, hat er geantwortet. Außerdem wollte ich noch wissen, ob er mich heiratet, falls ich ein Kind von ihm kriege. ›Aber gewiss heirate ich dich‹, versicherte er mir.«

»Dann kannst mir ja seinen Namen nennen«, drängte die Geburtshelferin. »Oder hast ihn vergessen?«

»Florian, Simmel Florian, hat er sich genannt.«

»Warum nicht gleich? Ich schreib also Simmel Florian in meine Akte.« Schon tunkte sie ihren Federhalter ins Tintenglas.

»Nein!«, rief Lisei hastig. »Das brauchst gar nicht schreiben.«

»Wieso?«, fragte die Hebamme verwundert.

»Weil der Name falsch ist.«

»Falsch? Wie kommst jetzt darauf?«

»Als ich gemerkt hab, was er bei mir angerichtet hat, bin ich zur Penzmühle und hab nach dem Florian gefragt. In den letzten Monaten hätten da zwar verschiedene Wanderburschen gearbeitet, teilte mir der Penzmüller mit, teils in der Säge, teils in der Mühle. Aber ein Florian Simmel sei gewiss nicht darunter gewesen. Da ich das nicht recht glauben konnte, beschrieb ich ihm den Florian. Diese Beschreibung, meinte der Penzmüller, passe in etwa auf all seine wandernden Handwerksburschen.«

»Aha, der feine Herr hat dir vorsichtshalber einen falschen Namen genannt und sich rechtzeitig aus dem Staub gemacht«, konstatierte die Hebamme.

Lisei nickte traurig.

»Da wirst mit Alimenten fürs Kind leer ausgehen«, mischte sich nun die Pflegemutter ein.

Die Hebamme schrieb auf ihren Zettel, den sie beim Pfarrer abgeben würde: Vater unbekannt. Dann begab sie sich auf den Weg dorthin, um den Tauftermin auszumachen. Wenig später war sie bereits zurück. Sie erklärte, die Taufe finde bereits in einer halben Stunde statt, und sie habe eine Bekannte, die bereit wäre, die Patin zu machen.

Drei Wochen nach Martins Geburt war der Tag des Abschieds gekommen. Liseis Reisetasche war schon gepackt. Sie stillte ihren Kleinen ein letztes Mal, wickelte ihn und legte ihn in die Wiege. Tränen kullerten ihr dabei aus den Augen. Dann wandte sie sich ihrer kleinen Nanni zu, um sie ein letztes Mal zu drücken. Das zerriss ihr fast das Herz. Als sich das Kind dann auch noch an sie klammerte und flehte: »Mama, hierbleiben!«, war es um ihre Fassung völlig geschehen.

»Weißt was?«, sagte sie zu der Pflegemutter. »Ich nehme die beiden mit.« Während Lisei die Kindswasch zusammenpackte, fragte die Häuslerin, die es gut mit ihr meinte: »Ja, Lisei, wo willst denn mit den Kindern hin?«

»In Reit im Winkl werde ich schon ein Platzerl für sie finden. Dann hab ich es nicht mehr so weit, wenn ich sie sehen will.«

»Aber das schaffst du doch nicht. Du kannst doch den Buben nicht den ganzen Weg tragen und das Gepäck noch dazu. Und dein Dirndl kann doch noch nicht so weit laufen.«

Das sah die Lisei ein und ließ sich entmutigt auf die Küchenbank fallen.

Plötzlich hatte die Kössnerin eine Idee: »Ich leih dir unser Handwagerl und ein Kopfpolster« – also ein Kopfkissen –, »damit der Kleine im Wagerl weich zu liegen kommt.«

Glücklich zog Lisei damit los. Vorne saß ganz stolz Nanni, mit dem Rücken zum Bündel Kindswasch gelehnt. Dahinter lag der schlafende Säugling auf dem Kopfpolster, und den Abschluss bildete Liseis Reisetasche, damit das Büberl nicht hinten rausrutschen konnte, wenn der Weg bergauf führte.

So zog Lisei leichten Herzens ihre schwere Last gen ihren Heimatort. ›Zuerst muss ich zur Lenei‹, dachte sie. ›Die weiß gewiss Rat.‹

Die staunte nicht schlecht, als sie ihre Schwester mit ihrem »Anhang« auf ihr Haus zukeuchen sah. »Was ist denn jetzt passiert?«, fragte sie Lisei, die sich erschöpft auf die Hausbank hatte sinken lassen. In groben Zügen erzählte sie ihr, was sich im letzten Jahr zugetragen hatte, und fragte, ob sie im Dorf niemanden wisse für ihre beiden Kinder.

»Da hast aber Glück«, antwortete diese. »Grad in den letzten Tagen habe ich beim Kirchgang aufgeschnappt, dass die Thalgartners wieder ein Pflegekind aufnehmen möchten, und die vom Lichthäusl auch.«

Die Thalgartners waren glücklich, dass sie das Dirndl bekamen, und die vom Lichthäusl freuten sich über den kleinen Buben. Die Thalgartnerin wollte auch dafür sorgen, dass Wagerl und Kopfpolster wieder an die rechtmäßigen Eigentümer zurückkamen.

Nachdem ich die Geschichte über meine Großmutter bis hierhin erfahren hatte – außer dem Basei hatte mir auch Lenei vom Schneiderhäusl einiges erzählt –, begriff ich, warum meine Großmutter Lisei nicht über ihre Reit im Winkler

Zeit hatte reden wollen. Warum sich aber meine Mutter diesbezüglich ebenfalls in Schweigen gehüllt hatte, konnte ich nicht verstehen.

Vorerst war ich jedoch zufrieden. Jetzt wusste ich endlich, in welcher Beziehung ich zu den einzelnen Familienmitgliedern stand. Von den sechs ledigen Kindern meiner Großmutter war also meine Mutter Elisabeth das älteste. Die anderen fünf waren demnach meine Tanten und Onkel. Von denen hatte ich bisher nur das dritte, die Maria, die wir Basei nannten, gekannt. Mit ihr stieg ich fortan einige Male auf die Alm, um meine Großmutter zu besuchen. Nun begriff ich auch, warum sie immer so wenig Zeit für uns gehabt hatte: Den Sommer verbrachte sie auf der Hochweide, und in der übrigen Zeit war sie auf dem Steinbacher Hof eingespannt. Und ihr bisschen Freizeit musste sie auf ihre sechs Kinder und ihre Enkel aufteilen.

Johann

Wider alle Erwartung sollte Mutter Elisabeth doch noch eine dritte Hochzeit bei ihren Kindern erleben. Johann, ihren einzigen Sohn, den es nach dem Unfalltod seines Vaters nach Egmating in Bayern verschlagen hatte, war von einem älteren kinderlosen Paar mit kleiner Landwirtschaft als Knecht angestellt worden. Zwar musste er schwer arbeiten - das war er von zu Hause ja gewohnt -, aber er hatte es für damalige Verhältnisse gut. Er wurde wie ein Sohn gehalten, und die alten Leutchen sprachen immer mal davon, dass er ihren Hof erben solle. Leider versäumten sie es, ihr Testament rechtzeitig zu verfassen. Als überraschend der Fall eintrat, dass beide Eheleute innerhalb weniger Wochen starben, erhoben selbstverständlich Nichten und Neffen Anspruch auf den Hof. Landwirtschaft wollte von denen zwar keiner betreiben - alle waren beruflich in München beschäftigt -, aber sie wollten den Hof zu Geld machen, zu möglichst viel. Da es aber, wie gesagt, nur ein kleines Sach war und dieses im Laufe der Jahre ziemlich heruntergekommen war, fand sich kein Käufer, der bereit gewesen wäre, die geforderte Summe hinzulegen. Johann hielt den Hof weiterhin in den nächsten Jahren notdürftig am Laufen. Um aber dringend erforderliche Investitionen zu machen, fehlten ihm die Mittel. Eigentlich bewirtschaftete er den Hof nur aus eigenem Interesse, denn der bot ihm ein Dach überm Kopf und brachte ihm gerade so viel ein, dass er davon existieren konnte. Er hätte den Hof gerne selbst gekauft, aber den geforderten Preis konnte er nicht zahlen.

Eine Freundin hatte er mittlerweile auch. Regina, eine Bauerntochter aus Wilmating, war schon seit vielen Jahren auf einem Nachbarhof als Magd tätig. Sie kam ab und zu herüber, um für den einsamen Junggesellen die Wasch zu machen und dafür zu sorgen, dass er nicht verhungerte.

Die Verkaufsversuche zogen sich über viele Jahre hin, und die Gebäude wurden immer schlechter. Da auch die Erträge immer geringer wurden, betätigte sich der Johann bald auch noch als Viehhändler. Diese Nebenbeschäftigung brachte ihm mehr ein als die ganze Arbeit in der Landwirtschaft. Sparsam, wie er von zu Hause erzogen war, legte er jede Mark beiseite. Als er zu einem stattlichen Mannsbild von sechsunddreißig Jahren herangereift war, boten ihm die Erben - mittlerweile auch nicht mehr die Jüngsten - den Hof, ehe er ganz zusammenfiel, zu einem Preis an, den er zahlen konnte. Da seine Braut, die Regina, sich im Laufe der Jahre auch einiges erspart hatte und da sie von zu Hause eine bescheidene Mitgift bekam, konnten sie das Anwesen kaufen und endlich Hochzeit halten. Das war im August 1904. Natürlich war zu der

Hochzeit auch seine Mutter eingeladen. Sie reiste mit der Postkutsche an. Da Johanns Haus für eine Feier zu unansehnlich geworden war, feierte man auf dem elterlichen Hof der Braut.

»Das ist mit Sicherheit die letzte Hochzeit, die ich miterleben durfte«, sagte die Elisabeth beim Abschied zu ihren Kindern, die wieder vollzählig erschienen waren, mit Ehemännern und Nachkommen. »Es grenzt schon an ein Wunder, dass drei von euch einen Hochzeiter gefunden haben und damit wieder in den Bauernstand haben aufsteigen können«, äußerte sie anerkennend.

Es sollte tatsächlich die letzte Hochzeit gewesen sein, die sie hatte mitfeiern dürfen. Noch kein ganzes Jahr war seitdem vergangen, da erhielten ihre Kinder die Nachricht von ihrem Tod. Am 14. Juli 1905 war Elisabeth nicht zum Frühstück erschienen. Deshalb hatte die Bäuerin persönlich nach ihr geschaut und fand die treue Magd leblos in ihrem Bett. In ihrem sechsundsiebzigsten Lebensjahr war sie über Nacht sanft entschlafen, ohne auch nur einen Tag krank gewesen zu sein. Im Mai hatte sie sich aber noch über die Nachricht freuen dürfen, dass in Egmating wieder ein neuer Johann Lichtmannegger angekommen war.

Nicht nur ihre fünf Kinder, die aus verschiedenen Richtungen herbeigeeilt waren, betrauerten sie schmerzlich. Auch die Leute vom Thannhof, ob Herrschaft oder Dienstboten, trauerten aufrichtig um Elisabeth. Da sie viele Jahrzehnte im Dienste des Hofes gestanden und immer mit zur Familie gehört hatte, fand sie ihre letzte Ruhestätte in der Familiengruft.

Anna

Elisabeths jüngste Tochter, die Anna, die sie nach dem Unglück, das die Familie getroffen hatte, auf den Thannhof mitbringen durfte, war bis zu ihrer Ausschulung dort geblieben. Das waren immerhin vier lange Jahre gewesen. In dieser Zeit hatte sie, wie die Kinder des Bauern auch, ihre Pflichten gehabt. Daher war sie schon recht vertraut mit vielen landwirtschaftlichen und hauswirtschaftlichen Aufgaben, als sie ihre Schulzeit beendet hatte. Nun hielt es ihre Mutter für angebracht, Anna in fremde Dienste zu geben, damit sie lerne, auf eigenen Füßen zu stehen. Diese Absicht kam dem Wunsch der Tochter sehr entgegen. Es fügte sich, dass wieder mal ein Viehhändler vorsprach, der eine junge Dirn suchte für einen Bauern in Jochberg. Dieser brauchte sie aber nur für ein Jahr. Danach würde seine Tochter ihre Schulpflicht beendet haben und in die Stellung einer Jungdirn nachrücken. Jochberg passte der Anna ganz gut, war es doch für zehn Jahre ihre Heimat gewesen. Auch dass das Arbeitsverhältnis auf ein Jahr begrenzt war, war ihr recht. Das gab ihr doch Gelegenheit, bald woanders reinschnuppern zu können.

Bei dem nächsten Bauern blieb sie auch nur ein Jahr, weil der Bauer ein recht unfreundlicher Mensch war. Der darauf folgende Bauer dagegen war zu ihr zu »freundlich« gewesen. Deshalb zog sie nach einem Jahr weiter. Bei ihrem nächsten Arbeitgeber gefiel es ihr aber ausgesprochen gut, und der war mit ihren Leistungen sehr zufrieden. So stieg sie nach und nach in der Hierarchie auf. Als sie dreißig war, betraute er sie sogar damit, seine Viecher auf die Alm zu begleiten. In der Almwirtschaft war allerdings mittlerweile eine Wandlung eingetreten. Es waren nicht mehr mehrere Personen, die auf der Hütte lebten, um das Vieh zu betreuen, sondern nur eine.

Wenn es hoch kam, war noch zeitweilig ein Hütejunge dabei.

Ebenso wie ihre Mutter einst schätzte Anna die Freiheit und das selbstständige Leben auf der Alm. Sie erledigte alle Aufgaben so gut, dass ihr Bauer äußerst zufrieden war.

Auf der Nachbaralm, die dem Prostbauern gehörte, waltete zu dieser Zeit ein junger Senn namens Sebastian seines Amtes. Man begegnete sich schon mal bei der Viehsuche an der Almgrenze, grüßte freundlich und ging seiner Wege. Am Jakobitag aber war für alle Almleute der höchste Feiertag des Sommers. Dieser wurde in der Weise begangen, dass am 25. Juli mal auf der einen, mal auf der andern die benachbarten Alminger zusammenkamen. Da ging es hoch her. Es gab besonders gute Speisen, die meist von den Hofbesitzern aus dem Dorf mitgebracht wurden, die selbstverständlich mitfeierten. Außer den sonst üblichen Getränken, wie Wasser und Milch, wurde an diesem Abend sogar Branntwein gereicht. Daher trug dieses Beisammensein auch den Namen Branntweinhoargarscht. (Mit Hoargarscht bezeichnet man ein abendliches gemütliches Plauderstündchen.)

Am Jakobitag wurde nicht nur ausgiebig geratscht, es wurde auch gesungen und Musik gemacht. Der eine brachte seine Mundharmonika mit, der andere seine Gitarre, seine Zither oder Klarinette. Ein besonders Wohlhabender hatte sogar eine Zugin (Ziehharmonika), mit der man aufspielte. Da das Leben auf der Alm freier war als im Tal, wo so gut wie keine Tanzvergnügen stattfanden, wurde hier zur Musik sogar getanzt. Dazu wurde eigens ein freier Hag (Scheune) hergerichtet, denn Tanzen im Freien galt als ungehörig.

Zu so einem Tanz forderte der Sebastian die Sennerin Anna auf. Leicht wie eine Feder schwebte sie in seinen Armen auf den groben Brettern dahin. Davon konnte er gar nicht genug kriegen. Deshalb forderte er sie ein zweites, ein drittes Mal auf. Auch ihr gefiel das, sich von dem feschen Burschen auf der Tanzfläche herumwirbeln zu lassen.

Mit dem Jakobifest war der Höhepunkt des Almsommers überschritten, nicht nur zeitlich oder feiermäßig, sondern auch hinsichtlich der Arbeit. Von nun an nahm sie zusehends ab. Weil die Kühe alle trächtig waren, ließ ihre Milchleistung allmählich nach, also war weniger zu melken und weniger zu kasen. Daher blieb den Almleuten ein bisschen mehr Zeit für Hoargarschts in kleinerem Rahmen. Vier oder fünf von ihnen kamen zusammen, ratschten, sangen und musizierten. So tauchte auch der Sebastian öfter bei der Anna auf, was ihr nicht unangenehm war. Daher freute sie sich, als der Almsommer zu

Ende ging, schon auf den nächsten. Aber auch im Winter erhaschte einer vom anderen einen Blick, nämlich in der Kirche. Leider war es ihnen aber versagt, auf dem Kirchplatz ein paar Worte miteinander zu wechseln. Denn dort trafen sich nach dem Gottesdienst nur die Männer und machten »große Weltpolitik«. Für weibliche Personen war es unschicklich, sich dort aufzuhalten.

Obwohl die Anna den Sebastian gerne sah und gerne mit ihm sprach, malte sie sich keine Zukunft mit ihm aus. Sie war eine Dienstmagd und er ein Knecht, wie sie meinte. Wovon sollten sie einen Hausstand gründen, und wovon sollte man leben? So verging auch der zweite Almsommer mit dem großen Fest und mehreren kleinen Festen, ohne dass sie in ihrer Beziehung Fortschritte gemacht hätten. Ihr aber tat das Herz weh, als sie im September Abschied von der Alm nahm. Ein wenig Trost fand sie allerdings darin, dass sie den gut aussehenden Senner gelegentlich am Sonntag in der Kirche sah.

Der dritte Almsommer sollte in ihrem Leben die große Wende bringen. Anna befand sich mit ihren Tieren noch gar nicht lange auf der Bergweide, da stand eines Abends der Sebastian vor ihrer Hütte. Ihr Herz klopfte so heftig, dass sie meinte, er müsse es hören.

»Liebe Anna«, begann er seine wohlgesetzte Rede. »Jetzt kennen wir uns schon über zwei Jahre, und ich muss gestehen, dass ich dich sehr gerne mag. Auch habe ich den Eindruck gewonnen, dass ich dir nicht gleichgültig bin. Deshalb möchte ich dich jetzt in aller Form fragen: Willst du meine Frau werden?«

Die Sennerin wusste nicht, wie ihr geschah. Während seiner Rede war sie abwechselnd blass und rot geworden, und an deren Ende hätte sie sich am liebsten in seine Arme gestürzt und »Ja! Ja!« gerufen. Aber zum einen wäre das nicht schicklich gewesen, und zum anderen musste sie einen klaren Kopf behalten, wenn er schon so unvernünftig war, ihr einen Heiratsantrag zu machen. Denn zwei Dienstboten konnten nicht heiraten. Das war klar. Sie würden weder die Erlaubnis ihrer Arbeitgeber noch die der Gemeinde kriegen.

Endlich hatte sie sich so weit gefasst, dass sie ihm antworten konnte: »Ja, Sebastian, schon lange hatte ich das Gefühl, dass du mich magst, und es freut mich mächtig, dass du es mir gestanden hast. Deshalb will auch ich dir etwas gestehen: Ich mag dich auch, schon seit dem ersten

Tanz, den wir miteinander gedreht haben. Ja, eigentlich schon von dem Augenblick an, da wir uns zum ersten Mal am Weidezaun begegnet sind …« Sie kam nicht dazu, ihren Satz zu beenden. Mit beiden Armen umschlang der junge Mann sie und busselte sie so ab, dass ihr beinah die Luft wegblieb und sie für eine Weile vergaß, was sie ihm eigentlich hatte sagen wollen.

»Dann ist ja alles in Ordnung«, brachte er – atemlos vom Küssen – hervor. »Das ist genau das, was ich hören wollte.«

»Nichts ist in Ordnung«, entgegnete sie, nachdem sie kräftig durchgeschnauft hatte. »Du hast mich ja gar nicht zu Ende sprechen lassen. Du bist ein armer Deifi und ich bin ein armer Deifi. Und wenn zwei von der Sorte zusammenkommen, springt nicht viel dabei heraus. Wo sollten wir leben und wovon? Es heißt zwar so schön: Glück ist in der kleinsten Hütte für ein glücklich liebend Paar. Aber wir haben ja noch nicht mal die kleinste Hütte.«

»Wir kaufen uns einfach einen großen Bauernhof. Dann haben wir Platz genug für unser Glück.«

»Einen Bauernhof willst du kaufen?« Sie lachte hell auf. »Und womit willst du den zahlen?«

»Von dem Erbteil, das ich zu erwarten hab, und

von deinem Ersparten. Und was uns dann noch fehlt, leihen wir uns von der Bank.«

Das brachte er mit einem solchen Ernst hervor, dass ihr das Lachen im Halse stecken blieb. »Du machst aber jetzt keinen Witz?«, versuchte sie, sich Gewissheit zu verschaffen. »Von was für einem Erbteil redest du? Ein armer Knecht hat kein Erbteil zu erwarten.«

Sebastian lächelte. »Ich bin kein armer Knecht. Ich bin der Zweitgeborene vom Prostbauern. Mein älterer Bruder bekommt den Hof, aber mir muss er ganz schön was rauszahlen.«

Da blieb ihr vor Überraschung zunächst der Mund offen stehen. Dann überkamen sie neue Zweifel. »Und wo möchtest du einen Hof finden? Alle Höfe, die ich kenne, sind fest im Familienbesitz. Die denken nicht daran, einen zu verkaufen.«

Aber auch da hatte sie sich geirrt.

»Den Hof habe ich bereits gefunden. Es ist der Obinger Hof in Söll, keine zwanzig Kilometer von hier. Aber ehe ich den Kaufvertrag unterschreibe, wollte ich erst dein Jawort haben.«

Unter diesen Umständen konnte sich Anna natürlich nichts Schöneres vorstellen als die Frau vom Sebastian Resch zu werden.

»Ja! Sebastian, ja!«

Wieder riss er sie in die Arme und küsste sie leidenschaftlich, doch auf einmal kamen ihr neue Bedenken.

»Was werden deine Eltern dazu sagen, wenn du ihnen die mittellose Tochter einer mittellosen Dienstmagd als Schwiegertochter bringst?«

Aber auch diese Sorgen erwiesen sich als unnötig.

»Meine Eltern kennen deine Geschichte. Sie wissen, dass du die Tochter von dem tüchtigen Franz Xaver Lichtmannegger bist, der Bauer auf dem Spitalerhof war, bis das Unglück über euch gekommen ist.«

Im Jahr darauf, 1908, wurde auf dem Prosthof eine prächtige Hochzeit gefeiert, an der Annas sämtliche Geschwister nebst Ehepartnern und Nachwuchs teilnahmen.

»Schade, dass meine Mutter nicht mehr hat dabei sein können«, sagte die Braut am Abend bedauernd. »Die hätte eine Riesenfreude gehabt, wenn sie noch erlebt hätte, dass auch ich Bäuerin auf einem eigenen Hof werde.«

Die Enkel der Dienstmagd

Wenn ich mich nicht verzählt habe, hat es meine Urgroßmutter Elisabeth auf neunzehn Enkel gebracht. Die Zahl ihrer Urenkel ließ sich nicht genau ermitteln. Bei meiner Zählung bin ich auf siebenundzwanzig gekommen, aber gewiss sind mir einige durch die Lappen gegangen. Und was die Generationen betrifft, die danach folgen, so habe ich völlig den Überblick verloren.

Mareis Nachkommen

Marei hat es auf fünf Kinder gebracht, wovon aber ein Bub nur zwei Wochen gelebt hat. Sepp, der Älteste, geboren 1888, im Dreikaiserjahr, musste schon früh Verantwortung übernehmen. Denn sein Vater Josef, der schon seit geraumer Zeit an Herzschwäche litt, hatte Anfang 1916 plötzlich unerträgliche Schmerzen im Unterleib. In einem Münchner Krankenhaus stellte man einen eingeklemmten Leistenbruch fest. Selbst die sofortige Operation konnte sein Leben nicht mehr retten, da sein schwaches Herz nicht mitmachte. Das war ein schwerer Schlag für die ganze Familie. So war Marei bereits mit zweiundfünfzig Jahren

Witwe, und ihr Sohn Sepp wurde mit achtundzwanzig Jahren schon der Bauer des Betriebes. Da seine Mutter noch sehr rüstig und tatkräftig war, ließ er sich mit dem Heiraten Zeit. In der Bauerntochter Susanna aber hatte er endlich die Richtige gefunden. So wurde im Jahr 1925 eine große Bauernhochzeit gefeiert, wie sich das für den Erben eines so stattlichen Hofes gehört. Im August desselben Jahres gebar Susanna ihm eine Tochter, die den Namen Susanne bekam. Leider wurde das arme Kind schon sehr früh Halbwaise, denn ihre Mutter starb bereits im Jahre 1928, gerade mal neunundzwanzig Jahre alt. In ihrer Verlassenheit schloss sich die knapp Dreijährige aber nicht ihrer Großmutter an, sondern der Magd Lisei, die ja ihre Großtante war. Sie freute sich immer, wenn sie bei der Tante im Zimmer schlafen durfte, denn dort fühlte sie sich geborgen, sie fand Trost bei jedem Kummer. Das blieb auch so, als eine Stiefmutter ins Haus kam. Denn verständlicherweise heiratete der Witwer schon bald ein zweites Mal, damit der Hof wieder eine Bäuerin hatte. Diese Ehe blieb kinderlos.

Über Mareis andere Kinder gibt es nicht viel zu erzählen. Sie waren alle gut verheiratet und hatten jeweils einige Kinder.

Johanns Nachkommen

Elisabeth Lichtmanneggers einziger Sohn, Johann, der in Egmating sein Glück gefunden hatte, bekam außer dem Sohn Johann, dessen Geburt er seiner Mutter noch hatte mitteilen können, im Jahr darauf einen zweiten Sohn. Den nannte er Franz, nach seinem Vater.

Johann junior trat schon früh in die Fußstapfen seines Vaters, sowohl was die Landwirtschaft anging als auch, was den Viehhandel betraf. Das war auch gut so, denn sein Vater, nennen wir ihn Johann I, starb bereits im Jahre 1931 an einem Krebsleiden. Seine geliebte Frau, die Regina, hatte er bereits 1920 verloren, als sie erst dreiundfünfzig Jahre zählte. Der Sohn, also Johann II, heiratete 1935 die Bauerntochter Zilli Bauer. Sie bekamen zwei Töchter, die Cäzilia, geboren 1935, und die Katharina, geboren 1937. Bald stand Zilli mit ihren Kindern für einige Jahre allein da, denn ihr Ehemann, Johann II, wurde zum Kriegsdienst gerufen und in Griechenland eingesetzt. Er kam zwar gleich nach Kriegsende und ohne Verwundung nach Hause, aber mit Malaria behaftet. Darunter hatte er bis zu seinem Lebensende, im Jahre 1968, immer wieder zu leiden. Seine Frau hatte bereits zehn Jahre vor ihm diese Erde verlassen.

Im Gegensatz zu ihm war sein Bruder Franz lange in Kriegsgefangenschaft gewesen. Aber danach verliert sich für mich seine Spur.

Da Johann II keinen Sohn hinterließ, übernahm Tochter Zilli seinen Hof. Sie hatte 1957 bereits als Ledige einen Sohn geboren, den sie Johann nannte, also wieder ein Johann Lichtmannegger. Später heiratete bei ihr der tüchtige Bauer Laböck ein, mit dem sie noch zwei gemeinsame Kinder bekam.

Ihre Schwester Kathi wurde ebenfalls Bäuerin. Sie heiratete bei einem Bauern namens Schmidt ein, mit dem sie drei Kinder hat.

Annas Nachkommen

Anna, Elisabeth Lichtmanneggers Jüngste, die mit ihrem Mann, Sebastian Resch aus Jochberg, in Söll den Obinger Hof gekauft hatte, wurde fortan von allen die Obingbäuerin, die Obingerin oder die Obinger Mutter genannt. Durch unermüdlichen Fleiß hatte das Paar den Hof bald abbezahlt und nebenbei zwei Kinder großgezogen, den Sohn Wastl, geboren 1909, und die Tochter Anna, geboren 1910. Damit sie nicht mit der Mutter verwechselt wurde, rief man sie bald nur noch Nani, wohlgemerkt mit nur einem »n«.

Nachdem Annas Kinder aus dem Gröbsten raus waren, erlaubte sie sich mal den Luxus, per Postkutsche und per Bahn nach Reit im Winkl zu fahren, um ihre Schwester Lenei zu besuchen. Stolz führte Lenei sie in dem Schneiderhäusl herum, und Anna schaute interessiert in jede Ecke. Danach verbrachte man ein paar angenehme Stunden, ehe sich die Obingerin wieder auf den Weg machte. Aber eigenartig, die Anna, die den ganzen Nachmittag freundlich und fröhlich geplaudert hatte, war beim Abschied wortkarg und wirkte irgendwie verstimmt. Ob das an dem Abschiedsschmerz liegt?, sinnierte Lenei. Sie vergaß den Vorfall bald. Da aber keine Weihnachtskarte von der Schwester kam, wurde Lenei wieder an den Vorfall erinnert. Auch im Jahr darauf blieben die Weihnachtsgrüße aus, obwohl sie die ihren schon frühzeitig abgeschickt hatte. Nach drei oder vier Jahren traf zur Weihnachtszeit endlich ein erklärender Brief ein.

Söll, den 18.12.1930

Liebe Lenei!
Durch langes Nachdenken bin ich zu dem Schluss gekommen, dass es nicht sehr christlich ist, wenn ich Dir wegen Deines Verhaltens bei meinem Besuch bei

Dir weiterhin zürne. Ich vergebe Dir also großmütig und wünsche Dir und Deiner Familie ein gesegnetes Weihnachtsfest und alles Gute für das neue Jahr.

Mit freundlichen Grüßen, Deine Schwester Anna

Über dieses Lebenszeichen von ihrer Schwester freute sich Lenei sehr. Deshalb setzte sie sich gleich nach den Feiertagen hin, um zu antworten, obwohl sie ihre Weihnachtsgrüße schon einige Tage vor Weihnachten losgeschickt hatte.

Reit im Winkl, den 30.12.1930

Liebe Anna!
Vielen Dank für Deinen Brief. Ich habe mich gefreut, endlich mal wieder etwas von Dir zu hören. Ich freue mich auch, dass Du mir verzeihst. Es wäre nett, wenn Du mir noch erklären würdest, was Du mir verzeihst. Denn mir fällt beim besten Willen nicht ein, was ich Dir angetan haben soll.

Dir und Deiner Familie nochmals alle guten Wünsche für das neue Jahr.

Mit lieben Grüßen,
Deine Schwester Lenei

Es dauerte einige Wochen, bis der Antwortbrief von Anna eintraf.

Söll, den 24.1.1931

Liebe Lenei!
Ich habe mir lange überlegt, ob ich auf Deinen Brief überhaupt antworten soll. Aber ich bin ja nicht nachtragend, außerdem habe ich Dir geschrieben, dass ich Dir im christlichen Sinne verzeihe. Trotzdem eine Frage: Bist Du wirklich so vergesslich, dass Du nicht mehr weißt, auf welche Weise Du mich gekränkt hast, oder tust Du nur so?

Egal, ich will es Dir erklären: Als ich mit Dir in Deiner Küche war und in den Rauchfang blickte, entdeckte ich dort eine große Anzahl von stattlichen Würsten und prächtigen Speckseiten. Natürlich rechnete ich damit, dass Du mir zum Abschied ein Stück davon mitgeben würdest. Nicht, dass ich das nötig hätte, aber es ist eine schöne Sitte, dass man einem Gast, noch dazu einem so nahestehenden, davon ein Geschenk macht.

Das hat mich schon sehr gekränkt, dass ich Dir das nicht wert war. Aber, wie gesagt, ich bin nicht nachtragend, deshalb grüße ich Dich trotz allem,

Deine Schwester Anna

Im ersten Moment war Lenei nach dem Lesen dieses Briefes wie erschlagen. Sie hätte so gerne ihre Schwester Lisei in der Nähe gehabt, um sich mit ihr über dieses Problem zu unterhalten. Aber mit der konnte sie frühestens am nächsten Sonntag nach dem Gottesdienst reden. Das tat sie auch. Danach fühlte sie sich einigermaßen erleichtert. Sie setzte sich hin und schrieb:

Reit im Winkl, den 3.2.1931

Liebe Anna!
Vielen Dank für Deinen Brief. Ich bin sehr froh, dass Du offen bekannt hast, was Dich bedrückt. Nun, so will ich Dir schildern, wie sich die Sache wirklich verhalten hat. Da wir in einem recht alten Haus wohnen, haben wir in unserer Küche noch den Rauchfang, den wir selbst aber gar nicht mehr nutzen, da wir keine Schweine halten. Wir haben aber auch nicht das Geld, um unsere Küche zu modernisieren. Deshalb bleibt sie, wie sie ist. Unsere Nachbarn aber, die ihre Küche schon vor Jahren umgebaut und den Rauchfang weggerissen haben, schlachten alle Jahre zwei Schweine. Nun geht ihnen ihr Rauchfang ab. Deshalb haben sie mich gebeten, ob sie ihre Würste und ihren Speck nicht bei uns räuchern dürfen. Dafür, dass ihre Sachen wochenlang bei uns in der Küche hängen, krie-

ge ich anschließend als »Bezahlung« mal eine Wurst oder ein Stück Speck. Auf die Idee, das eine Stück, das ich in einem halben Jahr kriege und auf das sich meine Familie immer sehr freut, zu verschenken, bin ich leider nicht gekommen. Außerdem konnte ich es nicht einfach wegnehmen. Da muss ich schon immer warten, bis es mir die Nachbarin überreicht. Aber sag selbst, unter diesen Umständen hättest Du es wahrscheinlich gar nicht angenommen?

Freundliche Grüße an Deine ganze Familie, Deine Schwester Lenei

Nach diesem Schriftwechsel herrschte wieder stilles Einvernehmen zwischen den Schwestern. Man traf sich zwar nicht mehr, weil sich keine wirkliche Gelegenheit bot, aber es gingen Briefe hin und her.

Die Frömmigkeit, die Anna, die Obinger Mutter, von ihrer Mutter Elisabeth angenommen hatte, was sich bei ihr in vielen Wallfahrten zeigte und in Gebeten für alle Notlagen, reichte sie auch an ihre Tochter Nani weiter. Ebenso die musikalische Begabung. Die Kleine sang genauso gern und schön und rein wie die Mutter. Dieses Kind hätte liebend gern Zither spielen gelernt, um seinen eigenen Gesang begleiten zu können. Aber es wurde ihm verwehrt. Für ein Mädchen war es damals nicht üblich, ein Instrument zu erlernen. Es galt als unanständig, wenn sie nichts Nützliches tat. Ein Mädchen hatte stets die Hände zu regen, sei es beim Spinnen, beim Stricken, beim Stopfen oder Flicken. Nur zwei Tage im Jahr waren davon ausgenommen: der Ostersonntag und der erste Weihnachtstag. Ja, selbst beim Beten durfte man nicht untätig sein. Wenn sie im Feld Unkraut jätete, betete sie.

Schon als sie noch ein Kind war, nahm die Mutter sie mehrmals im Jahr mit auf Wallfahrten. Und sobald Nani erwachsen war, war sie es, die die Mutter mit auf Wallfahrten nahm.

Ja, sogar ihre Hochzeit mit Peter Niederacher, dem Bauern auf dem Mühlbichlhof, im Jahre 1935 wusste sie zu einer Wallfahrt zu gestalten. Die Trauung fand bereits morgens um sechs Uhr in der Pfarrkirche zu Söll statt. Danach bestiegen das Brautpaar und die ganze Hochzeitsgesellschaft sämtliche Autos, die es damals in dem Dorf gab, und dann ging es ab in Richtung Innsbruck. Nach einer Fahrt von etwa siebzig Kilometern stiegen sie in Absam aus, wo alle die Kirche besuchten. Erst nachdem man fleißig gebetet hatte, kehrte man zu einem Mahl in ein Wirtshaus ein.

Am Abend wurde dann in einem Wirtshaus in Söll der Ausklang der Hochzeit gefeiert.

Nani und Peter müssen ein sehr glückliches Paar gewesen sein, denn Nani brachte innerhalb von zehn Jahren sechs Kinder zur Welt. Womöglich wären es noch mehr geworden, wenn Peter nicht in den Krieg gemusst hätte. Während er am Polenfeldzug teilnahm, musste seine Frau zusehen, wie sie auf dem Hof allein zurechtkam. Sie konnte von Glück sagen, dass ihre Mutter noch einigermaßen rüstig war und ihr bei der Kinderbetreuung half.

Als aber auch noch ihr einziger Knecht mitsamt dem Pferd und dem Wagen eingezogen wurde, setzte sich die Nani hin und beschrieb ihre Lage in einem Brief an den Bürgermeister. Diesen muss er wohl eiligst an die zuständige Militärbehörde weitergeleitet haben, denn binnen einer Woche war Peter, ihr geliebter Mann und Ernährer der Familie, wieder zu Hause.

Will man einen Eindruck über das Leben und Wirken der Nani Niederacher bekommen, genügt es, die Trauerrede zu lesen, die Sohn Georg und seine Frau Lisi aufsetzten und die der Herr Pfarrer bei der Beerdigung gehalten hat:

Liebe Mühlbichl-Großfamilie,
christliche Trauergemeinde!
Die Stunde ist gekommen, dass der Menschensohn verherrlicht wird, sagte Jesus vor seinem Abschied.

Auch jetzt ist eine Stunde, Gott zu verherrlichen und Dank zu sagen für ein erfülltes Leben, für ein reifes Weizenkorn, das im Leben schon viel Frucht gebracht hat: körperliche, geistige und geistliche Früchte.

1. Körperliche Früchte: Die im Jahre 1910 in Obing geborene Anna Resch hat von klein auf das Leben in der Landwirtschaft gekannt und ausgeübt. Unter anderem half sie bei verschiedenen Bauern beim Jäten oder Troadschneiden (Getreideschneiden). 1935 heiratete sie den Mühlbichlbauern Peter Niederacher. Sie führten eine vorbildliche Ehe und schenkten sechs Kindern das Leben. Sie wurde 15-fache Oma und 17-fache Uroma. Sie war seit 1984 Witwe, aber immer der Sammelpunkt der Familie. Sie liebte Familienfeiern, und es ist kein Sonntag vergangen, an dem nicht alle Kinder irgendwann bei ihr auftauchten. Und so reißt sie trotz ihres hohen Alters ein ›großes Loch‹, weil der Kern- und Mittelpunkt wegfällt.

2. Geistige Früchte: Sie hat vielen Bettlern Herberge und Essen gegeben. Sie war ungemein dankbar und zufrieden. Sie war beschenkt von Gesundheit und geistiger Frische. Sie konnte zwar sehr bestimmt sein, aber nie böse und verletzend. Sie warnte mit einem anschaulichen Bild vor dem Ausspruch böser Worte: Es ist, wie wenn man oben vom Kirchturm einen Federpolster ausleert, man kann unmöglich wieder alle Federn einsammeln.

Die Mühlbichl-Mami war die erste Ortsbäuerin von Söll und pflegte natürlich die bäuerliche Tracht. Sie liebte Blumen und hatte eine besonders gute Hand dafür, sodass sie beim Blumenschmuckwettbewerb öfters Bezirkssiegerin und zweimal sogar Landessiegerin wurde.

3. Geistliche Früchte: Sie war ein sehr geistlicher Mensch. Glaube und Kirche waren das Fundament ihres Denkens und Handelns.

Im Gebet hat sie sich Kraft geholt und die Sorgen der Kinder und Enkel vor Gott zur Sprache gebracht. Es tat ihr leid, dass sie im hohen Alter nicht mehr zur Kirche gehen konnte. Umso mehr freute sie sich über meinen monatlichen Besuch mit der Krankenkommunion. Voriges Jahr haben wir zu ihrem Geburtstag einen Hausgottesdienst gefeiert. Vor einer Woche hat sie täglich um eine gute Sterbestunde gebetet und ist am Donnerstagmorgen im Beisein ihrer Kinder friedlich entschlafen. Gott gebe ihr die ewige Ruhe.

Leneis Nachkommen

Die kleine Viktoria, die ledig auf die Welt gekommen war, durfte ab ihrem dritten Lebensjahr bei der Mutter im Schneiderhäusl aufwachsen. Mit dreizehn aber, nachdem sie ihre Schulpflicht hinter sich hatte, musste sie es schon wieder verlassen. Wie es seinerzeit nahezu allen Dorfkindern erging, musste sie zu einem Bauern in den Dienst. Kaum dass sie zwanzig war, heiratete sie einen netten, fleißigen Burschen namens Sebastian Döllerer. Sie kauften sich zusammen ein kleines Gütl, das Unterstraßer Anwesen, in dem sie selbstständig schalten und walten konnte. Im Alter von neunundzwanzig Jahren verstarb sie ganz plötzlich, es hieß, an Herzkomplikationen. Lenei war nicht sehr unglücklich darüber. Sie sagte: »Ich bin dankbar, dass sie überhaupt so lange gelebt hat, denn sie war von Geburt an ein schwächliches Kind.«

Leneis zweites Kind, der Franz, war von klein auf ein eigenwilliger Bub. Er verstand es immer wieder, seinen Willen durchzusetzen. Dadurch bereitete er seinen Eltern so manchen Kummer, während die beiden Mädchen, Leni, geboren 1897, und Kreszenz, geboren 1900, brav und unauffällig heranwuchsen. Im Jahre 1904 kam noch ein zweiter Sohn dazu, der Thomas, der Sonnenschein der Familie. Thomei, wie er liebevoll von allen genannt wurde, bewunderte von klein auf seinen großen Bruder. Er bemühte sich in allem, ihm nachzueifern. Als er zwölf Jahre alt war, bekam er eines Abends mit, dass sein Bruder in der Dämmerzeit mit geschwärztem Gesicht, eingehüllt in einen dunkelgrünen Umhang, mit einem Rucksack auf dem Rücken loszog. Er bekam auch mit, dass der erst in der Morgendämmerung leise ins Haus schlich und mit prall gefülltem Rucksack schnell in der Küche verschwand. Dort musste er etwas ausgepackt haben, denn nachher war sein Rucksack wieder schlaff. So etwas kam in der Folgezeit öfters vor. Thomei war klar, dass er gar nicht erst zu fragen brauchte, wo der Bruder gewesen sei oder was er mitgebracht habe. Er hätte doch keine ehrliche Antwort bekommen. Das hatte er nämlich längst raus, dass Erwachsene die Kinder oft mit einem »Das geht dich nichts an« oder mit einem »Märchen« abspeisten. Es war aber auch nicht nötig, dass man ihm erklärte, was der Franz im Schutze der Dunkelheit trieb. Man hatte ja Schulkameraden, von denen man dieses und jenes erfuhr. Den Rest konnte man sich zusammenreimen. Ihm war bald klar, dass sein großer Bruder immer wieder unerlaubterweise auf die Pirsch ging. Denn wenige Tage nach seinen geheimnisvollen Ausflügen stand immer Wildbret auf dem Speiseplan, während man in der übrigen Zeit auf dem Esstisch vergeblich nach Fleisch gesucht hätte.

Neben seiner Bewunderung für den Bruder hatte Thomei noch eine Leidenschaft. Offensichtlich hatte er von seiner Mutter die Musikalität geerbt. Denn er sang und jodelte sehr gerne mit ihr oder allein. Liebend gern hätte er auch ein Musikinstrument gelernt. Für so etwas war aber kein Geld vorhanden. Daher ergriff er mit beiden Händen das Angebot, das ihm sein Lehrer machte. Er trat in den Musikverein ein, wo man ihm anbot, das Flügelhorn zu spielen, und es gab kostenlosen Unterricht dazu.

Wie jedes Kind musste auch er daheim mithelfen, aber Mutter Lenei gestand ihm immer wieder Zeit für seine Musik zu, und er übte in jeder freien Minute. Nach seiner Schulentlassung arbeitete er, wie sein Vater, in einem Sägewerk, deren es damals dreizehn oder fünfzehn in Reit im Winkl gab. Auch in dieser Zeit vernachlässigte er seine Musik nicht. Aber je älter er wurde, desto mehr faszinierte ihn die Jagdleidenschaft seines Bruders. Der ging nämlich immer noch zum Wildern, obwohl er mittlerweile Frau und Kinder hatte. Seine Frau, die sehr darunter litt, sagte ihm mehr als einmal: »Wenn du schon nicht auf mich und deine Eltern Rücksicht nimmst, so denk doch wenigstens an deine Kinder. Oder willst du sie vorzeitig zu Halbwaisen machen?«

Doch auch solche Reden und der Gedanke an seine Kinder, 1921, 1924 und 1925 geboren, konnten Franz nicht von seinen illegalen Pirschgängen abhalten.

Als Thomei achtzehn war, fasste er sich ein Herz und bat seinen Bruder: »Nimm mich doch mal mit.«

»Das ist nichts für kleine Buben«, speiste der Franz ihn ab.

»Ich will ja nicht schießen, ich will nur zuschauen.« »Bei dem Geschäft kann ich keine Zuschauer brauchen.«

Damit ließ er den »kleinen« Bruder stehen. Doch den ließ sein Wunsch nicht mehr los. Einige Jahre später, der Thomei hatte seinen einundzwanzigsten Geburtstag schon lange hinter sich, saßen die beiden Brüder am Abend zufällig allein in der Küche. Da wagte der Thomei einen neuen Vorstoß.

»Nein!«, lehnte der Ältere rundweg ab. »Ich will nicht, dass du ein Wilderer wirst.«

»Das will ich ja auch gar nicht. Ich will nur eine einzige Gams schießen.«

»Und warum willst du das?«

»Ich möchte mir einen Gamsbart auf den Hut stecken, von dem ich sagen kann, die Gams habe ich selbst erlegt.«

»Und warum willst du das?«, forschte der Bruder weiter.

»Damit möchte ich Eindruck auf die Mädchen machen.«

»Du meinst wohl auf eine ganz bestimmte?«

»Wenn du meinst«, gab der Jüngere kleinlaut zu. »Aber wenn ich der damit nicht imponieren kann, dann vielleicht einer anderen.«

»Lass die Finger davon!«, warnte der Franz. »Das ist gefährlich.«

»Was ist gefährlich? Den Mädchen imponieren?«

»Nein, den ersten Schuss zu tun, das erste Stück Wild zu erlegen. Glaub mir, ich wollte kein Wilderer werden. Aber wenn du damit anfängst, wird es zur Sucht.«

Nun zeigte sich der »Kleine« erst recht interessiert. »Wie war das denn bei dir? Warum hast du das Wildern überhaupt angefangen?«

Franz schaute sich nach allen Seiten um, obwohl er wusste, dass die Eltern und seine Frau längst im Bett waren. Dann fuhr er mit gedämpfter Stimme fort: »Um das Unrecht an uns zu rächen!«

Das bedurfte einer längeren Erklärung: Ihr Anwesen, erfuhr Thomei, war einst das Nebengütl von einem großen Bauernhof gewesen, und der Urgroßvater der beiden Brüder hatte es in der Meinung gekauft, er habe alle dazugehörigen Laub-, Forst- und Weiderechte mitgekauft, und so nutzte er sie entsprechend. Ebenso ihr Großvater. Erst als ihr Vater das Gütl übernommen hatte, machte ihm die Obrigkeit diese Rechte streitig. Da zog er vor Gericht, um sie sich einzuklagen. Nach einigen Wochen überbrachte ihm der Advokat den Bescheid, er müsse sich die Unterlagen mit dem Beweis, dass diese Rechte zum Gütl gehören, aus dem Forstarchiv beschaffen. Nichts leichter als das, dachte er. Beim Forstarchiv aber hieß es, Privatpersonen sei der Einblick in die Akten nicht gestattet.

»Völlig niedergeschlagen kehrte der Vater heim«, berichtete Franz. »Das Einzige, was ihm der Prozess gebracht hatte, waren teure Rechnungen. Er musste die Gerichtsgebühr bezahlen und die Advokaten, die weiß Gott ihre Preise hatten! Noch deutlich sehe ich das Gesicht des Vaters vor mir. Schon damals, ich war noch ein

Bub, schwor ich mir: Von dem, was man auch mir gestohlen hat, werde ich wenigstens einen Teil zurückholen.«

Das hätte er vielleicht später gar nicht in die Tat umgesetzt, wenn nicht 1914 der große Krieg ausgebrochen wäre. Dort lernte er mit Waffen umzugehen und auf Menschen zu zielen, und so war es nach dem Krieg leicht für ihn, die Büchse auf Tiere anzulegen.

»So begann ich denn vor zehn Jahren mit dem Wildern!«, schloss er. »Nur ein paar Stücke wollte ich schießen, aus Rache für das erlittene Unrecht, als Wiedergutmachung für den finanziellen Verlust. Aber es hat mich nicht mehr losgelassen, bis auf den heutigen Tag, wie einen Hund, der Blut geleckt hat. Weil das den meisten Wilderern so geht, dass sie davon nicht mehr loskommen, will ich dich davor bewahren. Wahrscheinlich werde ich keines natürlichen Todes sterben. Dann musst du da sein. Du musst die Eltern trösten und statt meiner das Sach übernehmen.«

Thomei nickte. Das Bekenntnis seines Bruders hatte ihn sehr nachdenklich gemacht.

»Aber das eine einzige Mal kannst mich doch mitnehmen, damit ich an meinen Gamsbart komme«, bat er dennoch. »Ich verspreche dir, dass ich dann sofort wieder mit dem Wildern aufhöre.«

Eine Weile saßen sie schweigend beisammen, und jeder hing seinen Gedanken nach. Plötzlich sagte der Ältere in die Stille hinein: »Wie willst du denn eine Gams erlegen? Du kannst ja gar nicht schießen.«

»Das könntest du mir doch beibringen.«

Damit war Franz dann einverstanden, nur dürften, so beschwor er seinen Bruder, der Vater und die Mutter davon absolut nichts merken, denn sie seien seinetwegen schon genug in Sorge.

Am 7. November, einem Sonntag, kam für Thomei der große Tag. Er war sofort hellwach, als der Bruder ihn anstupste, obwohl es noch stockdunkel war und er vor lauter Aufregung am Vorabend lange nicht hatte einschlafen können.

Franz hatte den frühen Sonntagvormittag ausgewählt, um im Wald ungestört zu sein. Der Forstaufseher würde dann in der Kirche sein. Alles war bestens vorbereitet. Für jeden hatte er einen Rucksack gepackt. In dem seinen steckten außer Brot, Speck und Tee ein Feldstecher und sein Abschraubstutzen. Für den »Kleinen« hatte er ebenfalls eine Brotzeit eingepackt. Der Karabiner passte leider nicht in den Rucksack, den musste der Jüngere unter seinem Lodenumhang verbergen.

»Wir gehen auf die Brachspitz«, gab Franz das Ziel an, als sie abmarschbereit im Hausgang standen. »Da gibt es eine Höhle, dort können wir uns mit der Gams gut verstecken. Denn es wird eine halbe Stunde draufgehen, bis wir den Gamsbart gerupft haben.«

Was der Franz nicht bedacht hatte und der unerfahrene Bruder erst recht nicht: Der Forstaufseher vermochte es sehr wohl, den Gedankengang eines Wilddiebs nachzuvollziehen.

›Der geht gewiss an einem Sonntagmorgen‹, dachte er, ›weil er denkt, dann bin ich in der Kirche. Diese Zeit muss ich nutzen.‹

Zu oft schon hatte er sich von dem Wilderergesindel an der Nase herumführen lassen. Diesmal, so hatte er sich vorgenommen, würde er endlich durchgreifen, wie es der Forstmeister von ihm verlangt hatte. Schon seit Langem hatte er einen Verdacht, wer da in seinem Revier sein Unwesen trieb, aber ihm fehlten die Beweise. Damit man einem Wilddieb etwas anhängen konnte, musste man ihn auf frischer Tat ertappen und stellen.

Alleine würde er das nicht bewerkstelligen können, und so nahm er zwei von den Ortsgendarmen mit. Der Zufall – oder war es der Instinkt des Forstaufsehers? – wollte es, dass sich der kleine Trupp genau in Richtung Brachspitze auf den Weg machte.

Nun gibt es zwei Versionen, wie die Begegnung der Gesetzeshüter mit den beiden Brüdern verlaufen sein soll. Am besten erzähle ich beide.

Es war neun Uhr vormittags, die Sonne war inzwischen hinter den Bergen hervorgekommen und hatte einen klaren Herbsttag beschert. In dem schroffen, unübersehbaren Gelände standen sich plötzlich die Wilderer und die Gesetzestreuen auf fünfundzwanzig Schritt gegenüber. Der Forstaufseher würde später bei Gericht aussagen: »Ich schrie: ›Büchse weg!‹ Doch der Ältere riss sein Gewehr von der Achsel und legte es über der Schulter des Jüngeren auf mich an. So gab ich aus Notwehr einen Schuss aus meiner Waffe ab.«

Die beiden Gendarmen, als Zeugen vorgeladen, konnten keine brauchbare Aussage zum Sachverhalt machen. Angeblich hatten sie in dem Moment in eine andere Richtung geschaut, weil sie von dort etwas abgelenkt hatte.

Der Schlechter Franz schilderte dem Gericht die Szene folgendermaßen: »Plötzlich sah ich den Forstaufseher. Er kniete neben einem Busch, das Gewehr auf uns gerichtet. Ich befand mich etwa drei Schritte vor meinem Bruder. Ich packte mein Gewehr fest am Riemen und schrie: ›Durch! Thomei, renn!‹ Nach den ersten Sprüngen schaute ich mich um und sah, dass mein Bruder mir folgte. Der Jäger schrie: ›Büchse weg!‹ Im Rennen schaute der Thomei sich um. Da krachte ein Schuss, und ich spürte einen starken Schmerz am Hinterkopf. Im Weiterrennen schrie ich abermals: ›Thomei, durch!‹; als ich mich zwischen den Bäumen in Sicherheit fühlte, schaute ich mich noch mal um. Da hörte ich einen zweiten Schuss und sah meinen Bruder fallen. Blut spritzte auf. Dann knallte es zwei weitere Male, und endlich schrie jemand: ›Hände hoch!‹«

Für die Schneiderhäusl-Mutter war es die bitterste Stunde ihres Lebens, als man ihr auf einer Bahre den Jüngsten ins Haus brachte, blutverkrustet, ein Loch in der Brust, und das Gesicht von Schrotkugeln zerfetzt.

Es war ein langer Trauerzug, der dem Sarg folgte. Nicht nur das ganze Dorf war erschüttert, dass ein so junger Mensch sein Leben hatte lassen müssen, auch von den Nachbargemeinden waren viele Menschen herbeigeströmt. Außerdem war der Thomei ob seines freundlichen Wesens und seiner sonnigen Art äußerst beliebt gewesen. Schon deshalb wollte ihm jeder die letzte Ehre erweisen.

Auf seinem Grab wurde eine Tafel angebracht mit folgendem Text:

Christliches Andenken
im Gebet
an den ehrengeachteten Jüngling
Thomas Schlechter
Schneiderhäuslsohn
von Oberbichl
Pfarrei Reit im Winkl
welcher schnell und unerwartet im Alter von
22 Jahren
am 7. November 1926 uns entrissen wurde.

Am Berg und im Walde
Auf Flur und Halde
Ist Jugendlust und Freude –
Ihm wurde sie zu Leide.
Der himmlische Vater es versteht,
Wir denken seiner im Gebet!
O Herr, gib ihm die ewige Ruhe.
Vater unser

Wenige Tage nach dem Prozess wurde der bewusste Forstaufseher versetzt. Ob die Obrigkeit diese Maßnahme für nötig hielt, damit ihr Bediensteter den Anfeindungen entgehe, die ihm zweifellos im Dorf entgegenschlagen würden, oder ob er auf eigenen Antrag versetzt wurde, weil er die vielen anklagenden Blicke nicht ertragen hätte, ist nicht bekannt.

Nach diesem tragischen Vorkommen hatte die Lenei ihre Lieder verloren. Für lange Zeit wurde im Schneiderhäusl nicht mehr gesungen und nicht mehr gelacht. Ja, es wurde noch nicht einmal über den Erschossenen geredet. Jeder der Erwachsenen verarbeitete die Trauer stumm und auf seine Weise. Mutter Lenei arbeitete noch mehr als bisher und nahm immer wieder kranke Kinder ins Haus. In weitem Umkreis hatte sich ihr Ruf verbreitet, dass sie eine glückliche Hand habe im Heilen von allen möglichen Krankheiten bei kleinen Kindern. Manche blieben nur ein paar Tage, andere mehrere Wochen und einige sogar monatelang. In der Fürsorge für diese Kinder ging die Schneiderhäusl-Mutter für einige Zeit völlig auf. Das brachte sie auf andere Gedanken.

Ihr Mann dagegen, der Schlechter Thomas sen., brütete viele Wochen und Monate dumpf vor sich hin. Dann fasste er einen Entschluss, setzte sich hin und schrieb sein Testament. Das sorgte für einige Überraschung, als er im Jahre 1929 ganz überraschend an Herzversagen starb. Es waren noch keine drei Jahre seit dem tragischen Tod seines jüngsten Sohnes vergangen.

In dem Testament stand, dass er sein ganzes Sach seinen drei Enkeln, also den Kindern von Franz, vermache. Sinngemäß enthielt es die Erklärung: »Meinem Sohn Franz möchte ich mein Vermögen nicht anvertrauen, weil er ein Wilderer ist. Denn wen einmal die Leidenschaft des Wilderns gepackt hat, der gibt sie nimmer auf.«

In diesem Punkt irrte sich der alte Schlechter. Sein Sohn reagierte völlig anders, als der Vater erwartet hatte. Das Loch, das die Kugel des Jägers an Franz' Hinterkopf verursacht hatte, war schnell verheilt. Das Loch aber, das der Tod seines Bruders in seiner Seele hinterlassen hatte, heilte sein Leben lang nicht wieder zu. Nachdem der Franz seine Strafe verbüßt hatte, ward er nie wieder beim Wildern gesehen. Ein Grund dafür mag gewesen sein, dass er seinen Eltern erhalten bleiben wollte, weil sie durch seine Schuld schon einen Sohn eingebüßt hatten. Ein weiterer Grund mag gewesen sein, dass er sich nicht mehr unbefangen im Wald hätte bewegen können. Hinter jedem Strauch und jedem Baum und bei jedem Felsvorsprung hätte ihn das Bild des toten Bruders verfolgt. Und der dritte Grund war mit Sicherheit, dass er seinen heranwachsenden Kindern kein schlechtes Vorbild sein wollte. Der Gedanke, dass sein Sohn womöglich in seine Fußstapfen treten könne, ließ ihm so wenig Ruhe, dass er eines Tages seine Waffen zusammenpackte und sie bei der Gendarmerie ablieferte.

Ob er vor dem tragischen Geschehen schon ein schweigsamer, mürrisch dreinblickender Mensch gewesen war, vermögen seine Enkel nicht zu sagen. Sie jedenfalls kannten ihn nicht anders. Er sei sehr streng gewesen, meinten sie übereinstimmend, aber dennoch gerecht. Doch hielten es alle für besser, sich nicht allzu lange in seiner Nähe aufzuhalten.

Im Schneiderhäusl war zwar nie über den Tod des Onkels gesprochen worden, trotzdem blieb diese Tatsache vor Franz' Kindern nicht geheim. Wozu hatte man Spielkameraden in der Nachbarschaft? Wozu hatte man Mitschüler? Immer wieder wurden die Kinder auf die Wilderer-Geschichte angesprochen und wandten sich ihrerseits mit Fragen an Großmutter Lenei. Die bestätigte zwar die Behauptungen, war aber zu näheren Erklärungen nicht bereit. »Redet vor eurem Vater nicht davon!«, warnte sie die Enkel.

Das beherzigten nicht nur die Kinder vom Franz, das beherzigten später auch seine Enkel.

Franz' Frau aber, die Maria, war einerseits erleichtert, dass ihr Mann nicht mehr auf nächtliche Streifzüge ging, andererseits litt sie unter seinem veränderten Wesen. Besonders schlimm wurde es für sie, als die Kinder nacheinander aus dem Haus gingen. Tochter Maria, die Älteste, ging bereits 1934 nach Erpfendorf in Tirol zu einer Schneiderin in die Lehre. Ihr Bruder, Franz jun., fand gleich nach seiner Schulentlassung eine Anstellung beim Forstamt als Kulturarbeiter. Tagsüber war er zwar weg, aber er kam abends immer nach Hause. Ab 1943 aber musste er für Volk und Vaterland in den Krieg ziehen. Und da Tochter Leni schon seit 1939 aus dem Haus war, blieb die Mutter allein zurück mit ihrem schwermütigen Mann. Da kam es ihr wie ein Geschenk des Himmels vor, dass kurze Zeit nach dem Auszug ihres Sohnes ihre älteste Tochter unerwartet auftauchte. Sie war schwanger und wollte bei einem Bauern einheiraten.

»Mach das bloß nicht«, beschwor ihre Mutter sie. »Komm nach Hause und zieh dein Kind hier groß.«

»Aber warum denn, Mutter?«

»Du bist von zu zarter Konstitution, du bist

der harten Bauernarbeit nicht gewachsen. Deshalb haben wir dich doch nähen lernen lassen.«

Folgsam, wie Töchter damals noch waren, verzichtete Maria auf die Heirat. Zum einen sah sie ein, dass die Bauernarbeit für sie wirklich nicht das Richtige wäre, zum andern wollte sie sicher auch der Mutter einen Gefallen tun, denn sie wusste, wie sehr diese darunter litt, mit dem schwermütigen Ehemann allein zu sein. Gemeinsam richteten Mutter und Tochter gegenüber der Stube eine Schneiderstube für Maria ein. Und bald schon hatte es sich herumgesprochen, dass im Schneiderhäusl eine tüchtige Schneiderin wohnte. Daher konnte sie sich vor Kundschaft kaum noch retten.

Im Sommer 1944 kam der kleine Karl-Heinz zur Welt. Wer nach seiner Geburt regelrecht aufblühte, war seine Urgroßmutter Lenei. Ja, sogar ihre Lieder kamen wieder zurück. Oft saß sie an der Wiege des Urenkels und sang ihn in den Schlaf. Als er älter geworden war, sah man sie oft mit dem Kleinen an der Hand ums Haus gehen, wo sie ihm half, die Natur zu entdecken. Für Mutter Maria war das Leben erträglicher geworden mit Tochter und Enkelkind im Haus. Sie genoss es sichtlich, wieder junges Leben um sich zu haben. Als gar ihr Sohn schon kurz nach

Kriegsende, im Mai 1945, mit nur einer leichten Verwundung wieder nach Hause kam, dankte sie dem Herrgott aus vollem Herzen.

Das Jahr 1958 sollte für das Schneiderhäusl viele Veränderungen bringen. Am 22. Februar starb Lenei im gesegneten Alter von achtundachtzig Jahren. Ihre Enkelin, die Schneiderin Maria, sollte später über sie schreiben: »Meine Großmutter war bis zu ihrem Ableben immer noch geistig sehr rege, war nur vierzehn Tage im Bett, konnte ohne Brille noch alles lesen, war immer froh und ein zufriedener Mensch und hat in ihrem Leben viel gearbeitet.«

Auch die jüngere Tochter von Franz, Leni, zeichnet uns ein eindrucksvolles Bild von ihrer Großmutter.

Leneis Enkelin Leni erzählt:

An meine Großmutter Lenei erinnere ich mich noch sehr gut. Sie war unheimlich fleißig. Nie habe ich erlebt, dass sie die Hände im Schoß gehabt und nichts getan hätte. Wenn sie nicht im Haus, im Garten oder auf den eigenen Feldern beschäftigt war, half sie bei den Nachbarn auf dem Feld mit. Einmal war ich dabei, als ein Nachbar anfragte: »Lenei, kannst du nicht morgen bei uns Korn schneiden? Wenn du das machst, spare ich drei andere Leute ein.«

Selbst am Abend war sie nicht müßig. Entweder klapperten ihre Stricknadeln oder es surrte das Spinnrad, getreu ihrem Wahlspruch: Wenn die Füße ruhen, brauchen die Hände nicht zu schlafen. Sie verstand es, aus Flachs einen wunderbar feinen Faden zu spinnen, den der Störweber dann zu feinstem Leinen verwebte. Nachdem ihr eigener Bedarf an Leinen gedeckt war, spann sie weiter für die Aussteuer ihrer Töchter und anschließend für die der Enkelinnen. Sie brachte auch mir das Flachsspinnen bei, und einiges zu meiner Aussteuer spann ich selbst, z. B. die Vorhänge in unserer Stube. Alle anderen Vorhänge in unserem Haus bestehen aus dem Flachs, den Lenei selbst angebaut, selbst gebrechelt und selbst versponnen hat. Es steckt sehr viel Schweiß darin. Deshalb halte ich sie in Ehren und ersetze sie nicht durch den modernen Kunststoffkram, wie er heute überall angeboten wird. Unsere Vorhänge sind noch was Echtes. Die sind sehr wertvoll, und die halten. Auch meine Leintücher stammen noch aus der Hand meiner Großmutter. Die sind natürlich aus gröberem Leinen gewebt.

Meine Großmutter war zu uns Kindern immer sehr nett, aber ich erinnere mich, dass sie, als ich noch klein war, selbst beim Lächeln einen traurigen Zug um den Mund hatte. Später, als ich sechs oder sieben war und erfuhr, was mit Thomei passiert war, hatte ich endlich eine Erklärung dafür und konnte es verstehen. Mit der Zeit aber wurde sie wieder fröhlicher, besonders, wenn es auf Weihnachten zuging. Dann erzählte sie uns, während ihre Hände eifrig die Stricknadeln bewegten, Weihnachtserlebnisse aus ihrer Kindheit, oder sie sang mit uns Adventslieder.

Je näher es auf das Christfest zuging, desto früher mussten wir zu Bett. Am nächsten Morgen duftete es dann lieblich im ganzen Haus nach Anis und Zimt. Wenn der Heilige Abend endlich herangekommen war, tat Großmutter äußerst geheimnisvoll. Wir Kinder mussten uns in der Küche aufhalten, und sie machte sich in der Stube zu schaffen, während die Mutter im Stall zu tun hatte. Nach einiger Zeit verschwand unsere Mutter in der Stube, und Großmutter kam zu uns Kindern in die Küche. Dann mussten wir uns alle auf den Boden knien, und sie betete mit uns. Das war für uns Kinder natürlich langweilig. Aber wir hielten tapfer durch. Wir wussten ja, dass danach die Belohnung kam.

Zurück zum Heiligen Abend: Wenn es endlich in die Stube ging, wo die Kerzen am Baum strahlten, an dem kleine rote Äpfel hingen und vergoldete Nüsse schimmerten, war die langweilige Wartezeit schlagartig vergessen. Bevor wir uns aber auf die Gaben stürzen durften, las unser Vater aus der alten Familienbibel die Weihnachtsgeschichte vor. Gemeinsam wurden noch zwei Weihnachtslieder gesungen, und erst danach durften wir uns unsere Geschenke anschauen. Die waren natürlich äußerst bescheiden. Für jeden gab es einen Teller, auf dem wir von dem Gebäck vorfanden, dessen Duft uns bereits Tage vorher in die Nase gestiegen war. Neben jedem Teller lag etwas Nützliches, das die Großmutter an den langen Winterabenden gestrickt hatte. Mal war es für jeden ein Paar Socken, mal waren es Handschuhe, mal eine Mütze oder ein Schal. Ja, einmal hatte sie sogar für jedes Enkelkind eine wunderschöne Trachtenweste gestrickt. Über diese praktischen Dinge freuten wir uns wahrscheinlich mehr, als sich die heutigen Kinder über die teuersten Spielsachen freuen können.

Leneis Töchter Leni und Kreszenz wuchsen unauffällig heran und waren bereits aus dem Haus, als die Geschichte mit ihrem Bruder Thomei passierte. Daher waren sie davon nicht ganz so betroffen wie die übrigen Familienmitglieder. Dennoch litten auch sie unter seinem tragischen Tod. Mehr über den Lebensweg von Tochter Leni und ihre Kinder erfahren wir durch Lenerl, ihre einzige Tochter.

Lenerl, Jahrgang 1924, erzählt:

Es grenzt an ein Wunder, dass es mich überhaupt gibt. Meine Mutter, die Hausbacher-Leni, war im dritten Monat mit mir schwanger, als sie an einem Ausflug des Trachtenvereins teilnahm. Mit dem einzigen Lastwagen, den es bei uns im Dorf gab, fuhr die ganze Gesellschaft von zweiundfünfzig Personen am 25. Mai 1924 nach Übersee (ein Dorf im Chiemgau) zum Gautrachtenfest. Die Hinfahrt verlief ohne Zwischenfälle, und gut gelaunt kam man in Übersee an. Bei der Heimfahrt am späten Nachmittag war man noch besserer Laune, denn man hatte den »Meistpreis« gewonnen. Nachdem der Wagen jedoch den Mastererpass passiert hatte, geschah etwas Entsetzliches. Der Fahrer verlor die Gewalt über das Fahrzeug, und es stürzte die Böschung hinab. Dabei überschlug es sich und landete im Straßengraben. Mein Vater und ein anderer Mann, die auf der rückwärtigen Planke gesessen hatten, waren geistesgegenwärtig genug, abzuspringen, als sich das Gefährt dem Straßenrand näherte. Dadurch waren nicht nur sie selbst in Sicherheit, als der Wagen alle unter sich begrub, sie waren auch die Einzigen, die helfen konnten. Ohne sich lange zu besinnen, rutschten sie die Böschung hinab und erfassten in Sekundenschnelle die Gefährlichkeit der Situation. Die Verunglückten würden, falls sie durch den Absturz nicht schon zu Tode gekommen waren, unweigerlich ertrinken, wenn man nicht unverzüglich handelte. Der Graben führte nämlich Schmelzwasser, das sich sofort aufzustauen begann, da die Vorderplanke des Lastwagens das Abfließen verhinderte.

Glück im Unglück: Nicht weit von der Unfallstelle entdeckten die beiden jungen Männer einen herumliegenden jungen Baumstamm und direkt neben dem Lastwagen einen dicken Stein. Mit Hilfe des Baumes und des Steines gelang es ihnen, den Lastwagen vorne so weit hochzuhebeln, dass das Wasser wieder abfließen konnte. Da der Kasten nun nicht mehr über den Verunglückten lag, sondern über ihnen schwebte, konnten sie einen nach dem anderen unter dem Wagen hervorziehen. Für vier von ihnen kam jedoch jede Hilfe zu spät. Wie durch ein Wunder waren aber einige unversehrt geblieben und halfen bei der Bergung weiterer Leute mit. Andere hatten Hautabschürfungen, Platzwunden oder starke Prellungen. Aber niemand schien irgendwelche Knochenbrüche davongetragen zu haben, denn alle konnten ihre Gliedmaßen gebrauchen.

Meine Mutter war mit dem Kopf genau zwischen zwei dicken Steinen zu liegen gekommen. Das hat ihr vermutlich das Leben gerettet, denn dadurch war sie nicht von der ganzen Wucht der Seitenplanke getroffen worden, die quer über ihrer Nase lag. Dennoch lag die Mutter so unglücklich, dass sie sich nicht ohne Weiteres bergen ließ. Deshalb hebelten einige Männer diese Seite des Lastwagens auch noch hoch, damit mein Vater seine Frau herausziehen konnte. Die Planke hatte ihr Nasenbein etwas eingedrückt, was sie selbst zu spüren schien. Denn sie habe sich, so erzählte man mir, an die Nase gegriffen und sie selbst wieder zurechtgebogen. Diese Spuren ihrer Verletzung sollte man ein Leben lang sehen. Es beeinträchtigte ihre Schönheit – sie war in der Tat eine schöne Frau – jedoch nicht wirklich. Sonst schien sie ganz in Ordnung. Denn kaum, dass sie wieder auf ihren Beinen stand, ging sie umher und sammelte die verstreut liegenden Trachtenhüte ein, die den Frauen beim Überschlagen des Autos vom Kopf geflogen waren. Ohne sich nach ihren Hüten umzusehen, waren einige der Frauen nach ihrer Rettung kopflos in Richtung Dorf davongestürmt. Sie müssen unter Schock gestanden haben, denn sonst hätten sie ihre kostbaren Hüte nicht zurückgelassen. So ein Hut, mit Goldtroddeln verziert und zwei langen, breiten Bändern, die kunstvoll bestickt waren und hinten bis zur Kniekehle hinunterhingen, kostete ein kleines Vermögen und war der Stolz seiner Besitzerin, denn er war eigens für sie angefertigt worden und hat damals schon einige hundert Mark gekostet. Die Hüte barg meine Mutter in ihrer Trachtenschürze und trug sie bis nach Hause. Der Vater hatte sie heimgeschickt, weil er den Eindruck hatte, ihr fehle weiter nichts. Er selbst blieb noch an der Unfallstelle, um die Verletzten zu versorgen und um sich um die Bergung der Toten zu kümmern.

Scheinbar mühelos legte meine Mutter die vier Kilometer vom Masererpass bis zu ihrer Wohnung zurück. Erst als der Vater wesentlich später daheim eintraf, bemerkte er, dass seiner Frau Blut aus Augen und Ohren lief. Deshalb hielt er es für angebracht, den Arzt kommen zu lassen. Der diagnostizierte eine schwere Gehirnerschütterung und verordnete eine Woche Bettruhe.

Nach dieser Woche stand die Mutter auf und ging wieder ihrem Beruf nach; sie war nämlich Schneiderin. Seit dem Unfall hatte sie jedoch ständig Kopfschmerzen, und ihr war immer schlecht. Dennoch verlief ihre Schwangerschaft ganz normal, und ich erblickte nach den üblichen neun Monaten am 13. Dezember putzmunter und kerngesund das Licht der Welt. Das war in einer Zweizimmerwohnung, im ersten Stock eines Hauses im Dorfzentrum, in der meine Eltern zur Miete wohnten. Womöglich war dies die einzige Wohnung, die seinerzeit in Reit im Winkl zu mieten anstand, denn in meinem Heimatdorf war es üblich, dass man im eigenen Haus wohnte, oder man wohnte noch mit den Eltern zusammen.

Bei meiner Geburt gab es bereits einen dreizehnjährigen Bruder, den Fritz. Drei Jahre später wurde mir ein zweiter Bruder geboren, der Josef.

So weit ich zurückdenken kann, war ich ein reines Gassenkind. Da die Mutter noch immer unter den Unfallfolgen litt, konnte sie mir nicht die Betreuung angedeihen lassen, die erforderlich gewesen wäre. Nicht nur, dass sie ständig unter Kopfschmerzen litt und unter ständiger Übelkeit, sie war auch oft geistig nicht da, wie ich das rückblickend nennen möchte. Dann saß sie auf einem Stuhl und starrte vor sich hin. Es gibt bei mir Erinnerungen, die reichen bis in die Zeit zurück, als ich noch keine drei Jahre alt war. Das kann ich daran festmachen, dass unser Josef noch nicht geboren war. Erst zweieinhalb Monate nach seiner Geburt wurde ich drei. In der Zeit vor der Geburt meines kleinen Bruders also kam es vor, dass meine Mutter den ganzen Tag so abwesend war, dass sie nicht daran dachte, mir etwas zu essen zu machen. Das hat mich aber weiter nicht gestört. Im Gegenteil, ich nutzte die Gelegenheit, mich den ganzen Tag auf der Straße herumzutreiben. Mein Vater konnte sich nämlich auch nicht um mich kümmern, da er als Forstarbeiter die ganze Woche über im Wald war. Bei meiner Heimkehr am Abend fragte mich die Frau, die unter uns wohnte, besorgt: »Dirndl, hat dir die Mutter überhaupt was gekocht?« »Nein«, antwortete ich wahrheitsgemäß.

»Dann kriegst halt von mir was«, sagte sie und nahm mich mit in ihre Küche. Erst als ich vor dem gefüllten Teller saß, merkte ich, wie hungrig ich war, und schlang alles gierig hinunter.

Dass meine Mutter mir nichts zu essen machte, kam mehrmals vor. Noch öfter aber kam es vor, dass sie mich morgens nicht anzog. Dann packte ich mein Kleidchen, meine Schuhe, meine Strümpfe, stieg in Unterhemd und Unterhose die Treppe hinunter und wanderte ein paar Häuser weiter zu meiner Tante, einer Schwester meines Vaters. Sie wusch mich dann und zog mich an. Diese Tante wanderte 1928 mit ihrem Mann nach Amerika aus, weil es für ihn schier unmöglich war, bei uns eine Arbeit zu finden. Zu der Zeit war ich schon selbstständig genug, mich allein anzuziehen, wenn das auch nicht immer ganz korrekt geschah.

Ich war knapp fünf, als sich folgende Begebenheit zutrug: Am 6. Dezember ist bei uns in der Kirche in jedem Jahr morgens um sechs Uhr ein Gottesdienst. Ich war wild entschlossen, ihn zu besuchen. Rechtzeitig stand ich auf – die Mutter schlief noch, der Vater war im Wald – und zog mich eigenhändig an, wobei die Schuhe an die verkehrten Füße gerieten. Von Großmutter Lenei hatte ich eine Mütze bekommen, die setzte ich mir irgendwie schief auf den Kopf und schlich mich die Treppe hinunter. Durch die Dunkelheit stapfte ich die wenigen Schritte zur Kirche. Dort erlebte ich die größte Enttäuschung meines jungen Lebens. Ich kam nämlich nicht hinein. Wenn ich mich auf Zehenspitzen stellte, konnte ich die Klinke zwar gerade noch erreichen und herunterdrücken. Aber mir fehlte die Kraft, gleichzeitig die Tür aufzuziehen. Von innen drangen bereits die Gesänge zu mir heraus, und ich war ausgeschlossen! Noch ehe aber meine Tränchen flossen, nahte eine verspätete Kirchenbesucherin. Mit ihr huschte ich hinein. Suchend schaute ich mich um nach einem vertrauten Gesicht. Erfreut entdeckte ich unseren Dorfpolizisten und quetschte mich neben ihn in die Bank. Er war mir bestens bekannt. Wie oft schon hatte er mich spätabends auf der Gasse aufgelesen und nach Hause gebracht! Ich war ja ständig unterwegs.

Dieses freizügige Leben erstreckte sich über eine ganze Reihe von Jahren. So lernte ich mit der Zeit die Dorfbewohner kennen und hatte bald meine verschiedenen Anlaufstellen und Unterschlupfplätze. Bei schlechtem Wetter musste ich ja schließlich auch wo bleiben. So war ich beim Unterwirt ebenso daheim wie beim Oberwirt. Den Oberwirt nannte man kurzerhand auch »Post«, weil sich seit 1902 in einem dortigen Anbau der Poststall befand, in dem sieben »taugliche« Pferde standen, die den Postomnibus regelmäßig zwischen Übersee und Reit im Winkl hin- und herzogen.

Zum Gasthof Post waren meine Beziehungen vermutlich deshalb besonders ausgeprägt, weil ich wusste, dass mein Vater dort bis kurz vor meiner Geburt als landwirtschaftlicher Verwalter tätig gewesen war. In dieser Eigenschaft hatten ihm bis 1912 nicht nur die Postpferde und der Omnibus unterstanden, sondern auch noch ein Kariolwagen, eine viersitzige gedeckte Chaise und zwei Einspännerwagen. Ich konnte nie genug davon kriegen, wenn mein Vater von seinen Erlebnissen aus diesen »alten Zeiten« erzählte. Nach dem Krieg, also ab 1919, hatte der Vater wieder bei der Post gearbeitet bis zur Auflösung des Poststalles im Jahre 1921. Aber dieser Zeitraum war längst nicht mehr so interessant für mich.

Wie gesagt, es gab viele Häuser im Dorf, in denen ich mich zu Hause fühlte, besonders aber beim Postwirt. Einmal, es war kurz vor Ostern, streifte ich durch das ganze Gasthaus auf der Suche nach den Postkindern. Weil ich sie an den üblichen Plätzen nicht fand, dehnte ich meine Suche immer weiter aus. So gelangte ich in einen Bereich, in dem ich bisher noch nie gewesen war. Ich stemmte mich mächtig gegen die schwere Eichentür, und dann entschlüpfte meinem Mund ein Ausruf des Entzückens. Lag doch da direkt vor mir ein reich gefülltes Osternest! So etwas Tolles hatte ich noch nie gesehen. In dem künstlichen Gras saßen mehrere Schokoladenhasen in unterschiedlichen Größen. Sie waren umringt von einem Kranz echter bunter Eier, und dazwischen blitzte es nur so von zahllosen Schokoladeneiern in farbigem Stanniolpapier. Mei, war das eine Überraschung! Demnach musste ich doch brav gewesen sein, wenn sich der Osterhase eine solche Mühe gemacht hatte, für mich ein so reich bestücktes Nest zu verstecken. Im zarten Alter von fünf Jahren glaubte ich doch noch fest an den Osterhasen. Meine Freude war maßlos. Das ganze Nest war viel zu unhandlich, als dass ich es hätte tragen können. Fürs Erste steckte ich mir einige Schokoladeneier in die Schürzentasche, nahm ein echtes Ei in die eine Hand und einen großen Schokohasen in die andere. Glückselig stieg ich die Treppe hinab, in dem Bewusstsein, jederzeit Nachschub holen zu können. Als ich ins Freie trat, muss es Mittagszeit gewesen sein, denn die Schulkinder strömten gerade nach Hause. Ein größerer Junge, der Franz, mir wohlbekannt, der mit Sicherheit schon lange nicht mehr an den Osterhasen glaubte, rief erstaunt aus: »Mei, Lenerl, wo hast du denn den Osterhasen her?«

»Stell dir vor, Franz!«, posaunte ich über den ganzen Platz. »Ich hab ein Osternest gefunden, da sind sooo viel Sachen drin!« Dabei bildete ich mit der ganzen Länge meiner Arme einen Kreis. »Ja, Lenerl, das ist doch viel zu viel für dich allein. Da kriegst ja Bauchweh.«

Das sah ich ein und gab ihm bereitwillig von dem kleinen Vorrat aus meiner Tasche ab. Die anderen Buben, hellhörig geworden, umringten mich und forderten mich auf: »Geh, Lenerl, bring das Zeug halt her! Wir möchten auch was haben.«

Dafür hatte ich volles Verständnis, und es erfüllte mich mit Stolz, mal der Gönner sein zu können. Dem Zunächststehenden überreichte ich meinen Osterhasen, damit ich die Hände frei hatte, und stieg erneut die rückwärtige Treppe des Posthauses hinauf. In meiner Naivität räumte ich das ganze Nest leer, packte alles in meine Schürze und trug die Sachen hinunter. Dort verteilte ich den ganzen Segen unter die Buben, die begierig ihre Hände danach ausstreckten. Die waren alle fünf/sechs Jahre älter als ich und wussten genau, dass dies nicht mit rechten Dingen zuging. Denen war klar, dass ich das Osternest, das für die Posttöchter bestimmt gewesen war, geplündert hatte.

Die Kindsmagd, die später den Auftrag erhielt, das vorbereitete Osternest für ihre Schützlinge herunterzuholen, fand zu ihrer Bestürzung nur noch die leere Hülle mit dem künstlichen Gras darin vor. Sofort kam ihr der Verdacht, dass ich damit etwas zu tun haben könnte. Sobald sie meiner habhaft wurde, fragte sie mich, ob ich etwas über das Nest wisse. »Ja!«, bekannte ich voller Stolz, »das habe ich gefunden. Die Buben haben sich ja so gefreut, weil ich ihnen etwas davon abgegeben habe.«

Dann geschah etwas, das mir völlig unverständlich war. Das Mädchen geriet mächtig in Zorn, schalt mich eine Diebin und packte mich, um mich zu verhauen. Die Ausführung dieser Absicht wurde nur dadurch verhindert, dass in dem Moment die Mutter der »beraubten« Kinder dazwischentrat. Sie wollte wissen, was los sei. Noch immer nichts Böses ahnend, prahlte ich erneut mit meinem Fund.

»Das war nicht recht von dir, Lenerl, dass du die Sachen an dich genommen hast. Aus einem fremden Haus darf man nichts mitnehmen.« Diese Belehrung verstand ich nicht ganz, denn für mich war dieses Haus ja nicht fremd.

Zu ihrer Kindsmagd gewandt, fuhr sie fort: »Jetzt ist leider nichts mehr zu ändern, und Schläge helfen auch nichts. – Ist schon gut, Dirndl, geh jetzt heim.«

Meiner Mutter erzählte ich von dem wunderbaren Fund, von meiner Freigiebigkeit und von der mir unverständlichen Reaktion der Erwachsenen. Meine Mutter war entsetzt. Sie wollte es nicht auf sich sitzen lassen, dass ihre Tochter eine »Nesträuberin« war, und lief unverzüglich hinauf zur Post. Dem Kindermädchen erklärte sie, dass ich, das Lenerl, noch fest an den Osterhasen glaube und dass man deshalb das Entwenden der Ostersachen nicht als Diebstahl bezeichnen dürfe. Zur Postwirtin ging meine Mutter auch, in der Absicht, den Schaden, den ich angerichtet hatte, zu bezahlen. Die wehrte jedoch schmunzelnd ab: »Lass gut sein, Leni. Das Lenerl hat's ja nicht bös gemeint.«

Vonseiten meiner Mutter ging ich daher völlig straffrei aus, erhielt jedoch die Belehrung, dass man in anderer Leute Häuser weder nach Ostersachen noch nach Weihnachtssachen suchen dürfe. Die Geschenke, die man in einem Hause finde, seien immer nur für die Kinder bestimmt, die darin wohnten. Das leuchtete mir ein. Also suchte ich unser Haus sorgfältig nach einem Osternest ab und wunderte mich, dass der Osterhase bei uns kein so tolles Nest versteckt hatte. Demnach war ich doch nicht so brav gewesen.

Wesentlich später aber, da war ich schon zehn

oder elf Jahre alt, da habe ich wirklich mal etwas geklaut. Mir war völlig klar, dass ich etwas Unrechtes tue, und ich tat es trotzdem. Zwei Buben, die zu meinen engeren Spielkameraden zählten, hatten in ihrem Besitz gestickte Blumen, die es als Beilage in Zigarettenschachteln gab. Da bei uns im Hause niemand rauchte, bestand für mich keinerlei Aussicht, an solche Blumen zu gelangen. Da auch nicht damit zu rechnen war, dass meine Freunde mir gutwillig welche von den ihren abgeben würden, entwendete ich in einem unbeobachteten Augenblick einfach einige und ging nach Hause. Wenig später entdeckten sie den Diebstahl. Der Verdacht fiel sofort auf mich. Sie kamen zu uns ins Haus und verlangten ihren Besitz zurück. Dadurch erfuhr mein Vater von der Geschichte. Was wurde der böse, dass seine Tochter so etwas gemacht hatte! Das war für ihn ganz schlimm. Er rastete völlig aus, und ich bekam Schläge. Aber was für welche! Mit einem Gummiknüttel, den er seitlich aus einem Lkw-Reifen, in dem Metall drin war, herausgeschnitten hatte, schlug er so unbarmherzig zu, dass ich tagelang nicht sitzen konnte. Für dieses kleine Vergehen habe ich wirklich gebüßt; den ganzen Sommer über konnte ich nicht zum Schwimmen gehen, weil ich so blau geschlagen war.

Man muss meinem Vater zugutehalten, dass dieses Ausrasten die Folge einer Hirnverletzung war. Im Ersten Weltkrieg hatte er zwei Kopfschüsse davongetragen. Es schien zwar so, dass das Hirn verschont geblieben war, denn der eine Schuss war von links ins Kinn eingedrungen und beim rechten Unterkiefer wieder ausgetreten. Der andere Schuss trat unterhalb des rechten Ohres ein und unterhalb der linken Schläfe wieder aus. Der Schuss durch den Unterkiefer sollte ihm ein Leben lang Kaubeschwerden verursachen, und der andere Schuss muss sein Gehirn in Mitleidenschaft gezogen haben. Das zeigte sich in der Tatsache, dass er, wenn er sich aufregte, unberechenbar wurde. Sonst war er eine Seele von Mensch. Wenn meine Mutter und mein großer Bruder meinen Vater in dieser Situation nicht festgehalten hätten, ich glaube, er hätte mich erschlagen.

Davon abgesehen, habe ich mit Vaters Gummiknüttel öfters Bekanntschaft gemacht, ich war nämlich sehr widerspenstig. Man behauptete allgemein, ich sei ein böses, ein freches Kind gewesen. Das mag sogar wahr sein. Ist das aber ein Wunder, wo ich doch jahrelang ohne alle Zügel und Erziehung aufgewachsen bin? Ein solches Kind musste doch die später einsetzenden Erziehungsmaßnahmen als Eingriff in seine persönliche Freiheit und in seine gewachsenen Rechte ansehen.

Sicher rührte mein unbändiges Wesen auch daher, dass ich nur mit Buben aufgewachsen bin. Abgesehen davon, dass ich zwei Brüder hatte, waren auch alle meine Spielkameraden Buben. Von ihnen lernte ich die wilden Spiele und machte ihre schlimmen Streiche mit. Ich lernte Klettern und Springen und Raufen. Und vor allem lernte ich, mich nicht erwischen zu lassen.

Es war nicht verwunderlich, dass mein Umgang ausschließlich Buben waren, denn Mädchen ließ man ja nicht auf die Straße. Den Söhnen wurden wesentlich mehr Rechte zugestanden als den Töchtern. Dass ich für mich die gleichen Rechte in Anspruch nahm, wie die Buben sie hatten, sah man als ungehörig an. Aber hätte ich nicht in der Familie des Oberwirtes erlebt, dass es auch Mädchen gab, hätte ich bestimmt bis zu meiner Einschulung geglaubt, die Welt bestehe nur aus Buben. Die Töchter des Wirtes spielten immer nur innerhalb des Hauses und stets unter der Aufsicht ihres Kindermädchens. An diesen Spielen durfte ich mich beteiligen. Jeweils nach kurzer Zeit wurde mir das aber stinklangweilig, und ich bin zurück auf die Gasse, zu den Buben. Das war doch viel interessanter.

Dazu fällt mir noch ein konkretes Erlebnis ein: Der kleine Bach, der mitten durch unser Dorf fließt, war damals noch sichtbar. Über ihn führte, nicht weit von unserem Haus entfernt, eine schmale Brücke. Jenseits des Baches wohnte eine Familie mit zwei Buben, die zwei bis drei Jahre älter waren als ich. Mit diesen spielte ich besonders gern, und wir verstanden uns auch gut. Eines Tages, mein kleiner Bruder war eigenartigerweise mit von der Partie, wollte mich einer dieser Buben schlagen. Wahrscheinlich hatte ich etwas angestellt, das ihm nicht passte. Normalerweise ließ ich Josef, das lästige Anhängsel, zu Hause. Den habe ich bei meinen Unternehmungen nie brauchen können. Der war mir viel zu langsam. Diesmal aber war es mein Glück, dass er dabei war. Er sah den Angreifer auf mich zukommen, huschte blitzschnell hinter ihn und biss ihm in den Hintern. Der Gebissene war so erschrocken, dass er wie erstarrt stehen blieb. Meine Chance nutzend, packte ich meinen Bruder am Arm und bin nix wie weg über die Brücke und ab in unser Haus. Später erzählte mir meine Mutter, vom Küchenfenster aus habe sie sich dieses Schauspiel angesehen. Sie habe laut lachen müssen über das erschrockene Gesicht, das der Bub gemacht habe, als ihn der kleine Junge in den Hintern biss.

Nach der Auflösung des Poststalles hatte der Vater für einige Jahre Arbeit im Forst gefunden. Als ich etwa vier Jahre alt war, wechselte er über zur sogenannten Waldbahn, die seit 1922 Reit im Winkl mit Ruhpolding verband. Nach dem sehr aufwendigen Bau der Bahntrasse hatte der Ort endlich ein modernes Verkehrsmittel, um in die große Welt zu gelangen. Leider begann die Bahnlinie erst weit außerhalb unseres Dorfes, sodass man einen Fußmarsch von zwanzig Minuten zurücklegen musste, ehe man in den Zug einsteigen konnte. Mit dem Bau allein aber war es nicht getan. Die Unterhaltung der Strecke war mindestens ebenso aufwendig und schwierig. Einige Kurven waren zu eng und einige Steigungen beziehungsweise Gefälle zu stark. Deshalb kam es häufig zu Unfällen. Außerdem gab es immer wieder Lawinenabgänge, welche die Strecke nicht nur zeitweilig lahmlegten, sondern auch Schäden anrichteten. So musste ständig nachgebessert und ausgebessert werden. Mein Vater gehörte ab 1928 zu dem ständigen Trupp, der mit Reparaturarbeiten an der Bahnlinie beschäftigt war. Die Männer wohnten die ganze Woche über in einer Bauhütte – etwa auf der halben Strecke – die man »Schmiederer Ofen« nannte. Weil der Vater aufgrund seiner Kieferverletzung normales Essen nicht kauen konnte, kochte meine Mutter ihm alle zwei/drei Tage frische breiartige Nahrung. Meine Aufgabe war es, ihm diese zu bringen. Die Mutter brachte mich vierjähriges Ding mit einem Henkelmann zu unserer Bahnstation und setzte mich in den Zug. Der Zugbegleiter setzte mich dann am Schmiederer Ofen wieder ab. Die Zeit, bis ich mit dem Gegenzug wieder heimfahren konnte, verbrachte ich mit Spielen oder damit, den Männern beim Essen oder Arbeiten zuzuschauen.

Der Zustand meiner Mutter besserte sich ganz allmählich. Bis zum Jahre 1930 hatte er sich so weit normalisiert, dass meine Eltern es wagten, ein eigenes Haus zu bauen. Wie es damals üblich war, halfen beide eigenhändig am Bau mit, um Geld zu sparen. Dabei blieb natürlich wenig Zeit, sich um die Kinder zu kümmern. Bei mir war das eh kein Problem. Ich lebte nach wie vor auf der Gasse. Mein kleiner Bruder hatte zum Glück kurz zuvor ein kleines Wägelchen mit einem Holzpferd davor geschenkt bekommen. Dieses zog er an einer Leine immer ganz stolz im Dorf umher. So war er ebenfalls beschäftigt, ging meinen Eltern nicht zwischen den Füßen herum und störte auch mich nicht in meinen

Aktivitäten. Auf seinen Streifzügen entdeckte er im Dorfzentrum vor einem Haus einen großen Sandhaufen. Er, nicht faul, nahm sein Schäufelchen und lud das ganze Wägelchen voll Sand. Damit fuhr er zu unserer Baustelle, kippte den Sand ab und zog wieder los.

Auf diese Weise war er den ganzen Sommer über beschäftigt. Für einen Dreijährigen war es vom Dorfzentrum bis zu unserem Bauplatz ein ganz schön weiter Weg. Er war aber völlig ungefährlich, weil noch kaum Autos fuhren. So hat der kleine Josef innerhalb des Sommers den ganzen großen Sandhaufen zu uns geschafft. Zunächst war das niemandem aufgefallen, weil er den fremden Sand einfach zu unserem Sand gekippt hatte. Nur der Besitzer des Sandes beobachtete mit Sorgen, dass sein Sandhaufen immer kleiner wurde. Endlich erwischte er den kleinen Dieb in flagranti, als der so ziemlich die letzte Fuhre auflud. Er verfolgte den Sandräuber bis zu unserem Neubau und berichtete meinem Vater davon. »Ach«, sagte der, »jetzt ist mir alles klar. Ich hatte mich schon gewundert, dass wir mit unserem Sand so lange auskommen.«

Wegen des Sandes gab es jedoch keinen Streit zwischen den beiden Parteien. Beide Seiten lachten über den kleinen Kerl, der so fleißig und so clever gewesen war, einen Beitrag zu unserem Hausbau zu leisten. Mein Vater zahlte dem Geschädigten dann eine gewisse Summe als Entschädigung.

An unserem ersten Weihnachtsfest im neuen Haus gab es erstaunlich üppige Geschenke. Dazu muss ich Folgendes erklären: Nachdem mein Großvater väterlicherseits, der Bäcker gewesen war, 1911 gestorben war, hatte meine Großmutter mit einigen ihrer Söhne eine Pension mit Café eröffnet. Für das Café backte sie fleißig Kuchen, während die Söhne die Pension leiteten. In dieser Pension verbrachte unter anderem ein gewisses Fräulein Huber aus München jedes Jahr ihren Sommerurlaub. So war diese Dame bald mit der ganzen Familie befreundet. Zu Weihnachten wollte sie meinen Eltern etwas Gutes tun. Da sie Verkäuferin bei Hertie war, bot sie an, sie könne ihnen Waren zum Einkaufspreis besorgen. Da sagten meine Eltern nicht nein. So bekam mein kleiner Bruder zum Weihnachtsfest 1930 ein Schaukelpferd und ich einen Puppenwagen. Zum regulären Preis hätten sich meine Eltern solche Geschenke nicht leisten können.

Das Schaukelpferd war ein wunderschönes springendes Ross. Das heißt, mit den Hinterhufen war es auf einer Platte befestigt, und die

Vorderhufe hob es in die Höhe. Damit es dennoch genug Standfestigkeit hatte, gab es noch einen Eisenstab, der nahezu unsichtbar von oben bis unten durch das ganze Ross ging und in der Bodenplatte verankert war. Es war wirklich ein Bild von einem Pferd, mit echtem Fell ganz in Weiß bezogen, auf dem ein wundervoll gearbeiteter Sattel lag. Ich muss sagen, ich habe nie wieder ein so prachtvolles Schaukelpferd gesehen.

Oleander nannten wir es. Diesen Namen hatte unser Fritz ausgesucht. Der Name beeindruckte uns mächtig, denn wir hatten ihn noch nie gehört. So hieß kein Pferd im ganzen Dorf. Unser großer Bruder aber, der seine Nase schon in die große, weite Welt rausgestreckt hatte, war bewandert in solchen Sachen. Zu dieser Zeit war er schon beim Militär und verbrachte zu Weihnachten seinen ersten Urlaub zu Hause. Auch unser Vetter Klaus, der im gleichen Alter war wie unser Fritz, war zugegen.

Das Pferd gehörte zwar dem Josef, aber wir anderen waren auch allesamt verliebt in Oleander. Obwohl Oleander das Weihnachtsgeschenk für Josef war, einen dreijährigen Buben, kamen sich die beiden neunzehnjährigen Burschen nicht zu blöd vor, gleichzeitig auf dem Pferd zu »reiten«.

Entsetzt schrien wir alle auf, als die beiden sich daraufsetzten. Jeder befürchtete, unter dieser Last würde das Schaukelpferd zusammenbrechen. Der kleine Josef jammerte immer wieder: »Mein Ross! Mein Ross! Mein Oleander! Die machen meinen Oleander hie!«

Und seine Tränen flossen. Deshalb mischte sich der Vater mit Donnerstimme ein: »Ja, seid's ihr narrisch word'n? Die alten Hirschen hocken auf dem Ross und machen es hie.«

Die beiden lachten nur und fühlten sich trotz ihres fortgeschrittenen Alters sichtlich wohl auf dem Kinderspielzeug. Der tapfere Oleander aber hielt durch. Den sollte im Jahr darauf ein ganz anderes Los treffen.

In der Schule hatte ich natürlich mit dem schönen Pferd angegeben. Deshalb wollte es der Lehrer für den Faschingsumzug gerne ausgeliehen haben. Der Prinz von Dornröschen sollte darauf durchs Dorf »reiten«. Das heißt, das Pferd wurde mitsamt dem Prinzen darauf auf einem Schlitten befestigt und durchs Dorf gezogen. Was die beiden großen Kerle von neunzehn Jahren, mein Bruder und mein Vetter, nicht geschafft hatten – das Pferd zuschanden zu reiten –, war offensichtlich dem braven Dornröschenprinzen gelungen. Der Eisenstab nämlich, der dem Ross die nötige

Standfestigkeit verlieh, war gebrochen, als wir das Schaukelpferd nach dem Faschingsumzug zurückbekamen.

Meiner Meinung nach war der schmächtige Reiter daran völlig unschuldig. Auf unseren Oleander müssen andere Kräfte eingewirkt haben. Aber niemand vermochte uns zu sagen, was wirklich passiert war. Verständlicherweise war das Gejammere meines kleinen Bruders groß. Um ihn zu trösten, brachte mein Vater das Ross zum Schmied, damit der den Eisenstab wieder zusammenschweiße. Der Schmied gab sich redlich Mühe und schaffte es auch, den Stab zu reparieren und wieder an der richtigen Stelle anzubringen. Sein Fehler war nur, dass er die glühende Eisenstange vorher gegen das Hinterteil unseres Oleander gelehnt hatte. Dadurch war an dieser Stelle das schöne, weiße Fell verbrannt, und das Ross hatte fortan eine schwarze Stelle. Deshalb war mein Vater auf den Lehrer, der das Pferd ausgeliehen hatte, sehr böse. Er ging hin und verlangte Schadenersatz. Der weigerte sich aber zu zahlen. Nach einigem Hin und Her blieb mein Vater auf den Kosten sitzen und unser Josef auf dem verbrannten Hinterteil seines Rosses.

Zu meinem Puppenwagen gibt es ebenfalls

eine Geschichte. Es war ein wunderschönes Modell, ganz aus Wachstuch, wie es damals der letzte Schrei war, mit hoch- und runterklappbarem Verdeck. Stolz fuhr ich mit diesem Wagen, sobald die Straßen schneefrei waren, im Dorf umher. Das war wohl das einzige Mal in meiner Kindheit, dass ich mich wie ein Mädchen verhalten habe. Dieses Hochgefühl sollte jedoch nicht lange anhalten. Nach wenigen Tagen riss mir ein gleichaltriger Junge den Wagen aus den Händen und warf ihn in den Bach. Auf mein Geschrei hin rannte ein Nachbar herbei, dem es gelang, das schöne Gefährt zu retten. Das Verdeck aber hatte durch den Sturz einen Riss bekommen, einen großen, schrecklichen Triangel-Riss. Als ich das sah, brach ich in Tränen aus. Der Übeltäter aber hat nur dreckig gelacht. Danach fuhr ich nie wieder mit meinem Puppenwagen aus.

Nachdem meine Eltern das Haus fertiggestellt hatten, konnten wir auch Feriengäste aufnehmen. Dafür hatten sie eigens zwei Zimmer mehr gebaut. Damit dienten sie nicht nur dem aufkommenden Fremdenverkehr, sondern auch uns. Das Zimmervermieten bedeutete sowohl im Sommer als auch im Winter ein schönes Zubrot. Ich erinnere mich an ein holländisches Ehepaar, das, nachdem es einmal da gewesen war, in jedem Sommer wiederkam. Der Dame genügten offensichtlich die drei Mahlzeiten am Tag nicht. Zum Nachmittagskaffee wollte sie immer noch etwas Süßes aus der Bäckerei haben. Da sie sehr nett und großzügig war, übernahm ich den Auftrag gerne, für sie täglich frisches Gebäck zu kaufen. Das Geld dafür gab sie mir immer genau abgezählt mit. Je nachdem, auf was sie gerade Lust hatte, wechselte der Auftrag. Es konnte sein, dass sie nur ein Teilchen wollte oder zwei. So verkündete ich zum Beispiel in der Bäckerei stolz: »Für die Frau Soundso möchte ich eine Puddingschnecke.«

Das Teilchen wurde mir dann in einer Tüte eingepackt überreicht. Gewissenhaft trug ich es nach Hause. Zur Belohnung dafür gab mir die Frau ein Fünferl. Manchmal steckte ich dieses in meine Spardose, manchmal gelüstete es mich aber auch, etwas von den Köstlichkeiten aus der Bäckerei für mich zu erstehen. Es war jedoch zu befürchten, dass, wenn ich so ein Teilchen einfach so für mich kaufte, die Bäckersfrau meiner Mutter davon berichten würde. Es hieß also, klug vorgehen. Ohne eine Miene zu verziehen, gab ich in der Bäckerei meine Bestellung auf: »Für die Frau Soundso möchte ich ein Vanillekipferl und eine Nussschnitte.« Damit diese beiden Gebäckstücke nicht aneinanderkleben sollten, packte die Bäckersfrau sie in zwei getrennte Tüten ein. Mit diesen spazierte ich hochzufrieden bis zu einigen Büschen, die in der Nähe unseres Hauses standen. Sie verhinderten, dass man von unserem Haus aus auf die Straße sehen konnte. Hinter den Büschen packte ich schnell meine Nussschnitte aus und ließ sie in der Tasche meines Dirndlkleides verschwinden. Die Tüte warf ich in den Bach.

Zu Hause lieferte ich der Holländerin ihr Vanillekipferl ab, bekam mein Fünferl und verschwand in der Toilette. Dies war nämlich der einzige Raum im ganzen Haus, den ich zuschließen konnte. Dort verzehrte ich meine Nussschnitte mit größtem Appetit. Diese Geschichte wiederholte sich mehrmals, und ich bin nie aufgeflogen. Nur wunderte sich meine Mutter immer wieder, dass meine Dirndltasche von innen oft so klebrig war.

Natürlich hatten wir auch immer wieder deutsche Feriengäste. Für die Urlauber, die in der Stube frühstückten, gab es selbstverständlich etwas Besseres als für uns. Sie bekamen frische Semmeln, während für uns immer nur dunkles Brot auf dem Küchentisch stand. Sie bekamen

Butter *und* Marmelade, wir bekamen Butter *oder* Marmelade. Zusätzlich wurde den Gästen auch noch Wurst und Käse aufgetischt, was wir Kinder mit begehrlichen Blicken registrierten. Da man noch keinen Kühlschrank hatte, stellte die Mutter Wurst und Käse, die vom Frühstück der Gäste übrig geblieben waren, in den Keller, damit sie frisch blieben und man sie ihnen am nächsten Morgen wieder vorsetzen konnte. Eines Tages, ich war neun, mein kleiner Bruder sechs Jahre alt, sollten wir aus dem Keller Kartoffeln holen. Da entdeckten wir auf einem Tischchen einen Teller, auf dem die Wurst- und Käsereste der Gäste lagen. Wir hoben die übergestülpte Glasschüssel weg und schnupperten daran. Der Duft der Leberwurst war zu verlockend. Schnell waren wir uns einig, und jeder biss ein herzhaftes Stück davon ab. Hm, war das gut! Sorgfältig deckten wir den Teller wieder zu.

Am nächsten Morgen, wir saßen bei unserem kargen Frühstück in der Küche und die Urlauber an ihrem reich gedeckten Tisch in der Stube. Da rief die Dame meine Mutter zu sich. Durch die angelehnte Tür vernahmen wir folgenden Dialog: »Frau Hausbacher, Sie haben Mäuse im Keller.«

»Wie kommen Sie denn darauf?«, fragte meine Mutter entrüstet.

»Die Leberwurst ist angeknabbert.«

»Das ist doch nicht möglich«, verteidigte sich die Mutter. »Ich decke doch immer alles sorgfältig mit einer Glasschüssel ab.«

»Dann schauen Sie sich dieses Stück mal an. Erstens war es gestern noch größer, und zweitens hatte ich es glatt abgeschnitten.«

»Tatsächlich!«, rief meine Mutter entsetzt aus, »da sind Bissspuren dran. Aber *die* Mäuse kenne ich. Die sollen was erleben.«

Wir warteten erst gar nicht ihre Rückkehr ab. So schnell hatten wir unsere Schulranzen noch nie geschnappt, und schon waren wir aus dem Haus. Das Donnergrollen mit Blitzschlag blieb uns jedoch nicht erspart: Nach Schulschluss mussten wir schließlich wieder nach Hause, und da bezog jeder von uns eine gehörige Tracht Prügel nebst der Belehrung, dass man von den Lebensmitteln, die für die Herrischen, wie man bei uns allgemein die Gäste nannte, bestimmt sind, nicht nascht.

Eine Gelegenheit zur Rache für die erlittene Schmach bot sich uns am nächsten Morgen. Als wir die Küche betraten, war die Mutter gerade nicht da. Aber das Frühstückskörbchen mit den frischen Semmeln für die Frau Geheimrat stand noch auf der Anrichte, und ihr Duft stieg uns lieblich in die Nase. Da kam mir eine Idee. »Sie hätte uns nicht verpetzen sollen«, sagte ich zu Josef. »Dann bräuchten wir sie jetzt nicht zu bestrafen.« Der Kleine begriff erst, als ich es ihm erklärte. »Naschen dürfen wir nicht von ihrem Frühstück«, erklärte ich meinem Bruder. »Aber daran lecken können wir. Dann haben wir auch den guten Geschmack, aber sie merkt es nicht.«

Damit war er sofort einverstanden. Also schnappte er sich das eine Brötchen und ich das andere, und wir schleckten es von allen Seiten ab. »So, das ist die verdiente Strafe fürs Verpetzen«, flüsterte ich meinem Bruder zu.

Als meine Mutter kurz darauf die Küche betrat, saßen wir wie die Unschuldslämmer am Tisch und kauten an unserem Graubrot.

Wie bereits erwähnt, ging es meiner Mutter nach dem Unfall von Jahr zu Jahr besser. Dennoch hatte sie oft im Hochsommer, wenn ein Witterungsumschwung war, selbst in der Küche, eine dicke Wollmütze auf, weil sie Kopfschmerzen hatte. Im Jahre 1938 kam meine Tante aus Amerika zu Besuch. Nach ein paar Tagen sagte sie erstaunt zu mir: »Wie gut sich deine Mutter gemacht hat, Lenerl! Ich habe nie geglaubt, dass deine Mutter noch mal eine normale Frau wird.«

Zu der Zeit war ich vierzehn. Nach Erklärungen für diese Aussage suchte ich erst später.

Als ich schon längst verheiratet war und meine Mutter auf die siebzig zuging, wollte sie auf unseren Dachboden steigen, um da eine Luke zu öffnen. Sie wollte, dass die Schwalben hereinkönnen, weil sie fest daran glaubte, dass sie Glück bringen. Um auf den Dachboden zu steigen, musste sie eine Leiter verwenden. Diese hatte sie wohl nicht richtig angelehnt, denn die Leiter rutschte unter ihr weg, und die Mutter fiel herunter. Dabei schlug sie so unglücklich auf, dass sie sich ein Loch im Kopf zuzog. Deshalb brachte ich sie zu unserem Hausarzt, der sogleich eine Röntgenaufnahme vom Schädel machte. Verwundert fragte er mich: »Wann hat Ihre Mutter denn einen Schädelbasisbruch gehabt?«

»Einen Schädelbasisbruch?«, wiederholte ich ungläubig und wies das entschieden zurück: »Unsere Mutter hat doch keinen Schädelbasisbruch gehabt!«

»Dann schauen Sie sich die Aufnahme mal an.«

Das tat ich sehr eingehend. Selbst ich, als Laie, erkannte eine Narbe in der Schädelbasis, in der Form eines T. Der Längsstrich war so lang wie mein kleiner Finger, der Querstrich entsprechend kürzer. Nun wunderte ich mich nicht mehr, dass meiner Mutter, so lange ich sie kannte, immer schlecht gewesen war und sie ständig unter Kopfschmerzen gelitten hatte.

Einige Jahre nach meinem Erlebnis mit dem Osternest hatte man im Gasthaus zur Post einige bauliche Veränderungen vorgenommen. So hatte man oben hinter der Scheune ein Klo für die Knechte eingebaut. Da ich mir die Freiheit nahm, hin und wieder das ganze Haus zu inspizieren, geriet ich auch an diesen Ort. Da ich mittlerweile lesen konnte, entzifferte ich folgenden Spruch, den eine »erleichterte« Seele an die Wand gekritzelt hatte:

Hier in dieser Metzgerei gibt es Würste allerlei, dicke, dünne, kalte, warme, aber alle ohne Darme.

Hier in diesem Scheißezimmer scheiße ich mein Lebtag nimmer. Gott, der Herr, wird's wissen, wie ich mich hab plagen müssen.

Dieser Spruch gefiel mir so gut, dass ich ihn so oft durchlas, bis ich ihn auswendig konnte. Dann bin ich nach Hause und hatte nichts Eiligeres zu tun, als meinem großen Bruder, der sich noch immer beim Militär befand, einen Brief zu schreiben. So einen schönen Spruch durfte ich doch ihm, den ich in gewisser Weise verehrte, nicht vorenthalten.

Mein Brief erreichte ihn, als er und seine Kameraden gerade in Grafenwöhr zum Manöver waren, wie er mir später berichtete. Den ganzen Tag über hatten sie bei schlechtem Wetter in Matsch und Schlamm herumrobben müssen. Daher war die ganze Truppe bei ihrer Rückkehr zur Kaserne sehr grantig und schlecht aufgelegt.

Noch auf dem Kasernenhof wurde ihnen ihre Post übergeben, was die Laune – zumindest bei den Empfängern – ein bisschen hob. Wie alle anderen las mein Bruder seinen Brief stehenden Fußes. Da er noch während des Lesens lauthals auflachte, scharten sich die Kameraden, die in seiner Nähe standen, um ihn, neugierig, zu erfahren, was ihn zu solcher Heiterkeit veranlasst hatte. Gönnerhaft las er ihnen meinen Brief laut vor. Da brachen sie ebenfalls in Gelächter aus. Das lockte weitere Kameraden an. Auch diesen wurde mein Brief vorgelesen. Schließlich herrschte in der Truppe, die vorher noch so deprimiert über den Kasernenhof getrottet war, eitel Fröhlichkeit. Und einer der Kameraden meinte: »Du, Fritz, deine Schwester möchte ich gerne mal kennenlernen.«

»Damit solltest du noch ein bisschen warten«, riet ihm mein Bruder, »sie ist erst elf.«

Von diesem Brief und der Heiterkeit, die er immer wieder unter seinen Kameraden auslöste, hat unser Fritz noch oft gesprochen. Sogar Jahre später noch – dem Manöver von einst war längst der Ernstfall des Zweiten Weltkrieges gefolgt – vermochte mein kindlicher Brief die Gemüter der Soldaten aufzuhellen. Selbst in Russland, als mein Bruder mit neuen Kameraden an der Front lag, erzielte mein Brief noch positive Wirkung. Wenn sie nach lebensgefährlichem Einsatz in ihrer tristen Unterkunft voller Angst den nächsten Tag erwarteten, weil jeder der letzte sein konnte, las ihnen mein Bruder meine Zeilen vor. Und schon war die Trübsal – wenigstens für eine gewisse Zeit – wie weggeblasen.

Milch kaufte man in meiner Kindheit nicht im Geschäft. Zum Milchholen ist immer einer von uns zu dem Bauern gegangen, der auf der gegenüberliegenden Straßenseite wohnte. Meist war das meine Aufgabe. Als ich so zwischen elf und zwölf war, traf ich dort ein Mädchen an, das ich noch nie gesehen hatte, das ebenfalls Milch holte. Es war vielleicht zwei Jahre älter als ich und hatte leuchtend rotes Haar. Leutselig fragte es mich: »Hast du Geschwister?«

»Natürlich«, antwortete ich, nicht ohne Stolz. »Ich habe zwei Brüder, den Fritz und den Josef. Hast du auch Geschwister?«

»Ja«, entgegnete die Rothaarige, »der Fritz ist mein Bruder.«

»Ach!«, wollte ich verwundert wissen, »dein Bruder heißt auch Fritz?«

»Nein, nein«, korrigierte sie mich. »Euer Fritz ist mein Bruder.«

»Was?«, rief ich empört. »Der Fritz ist mein Bruder!« Wütend hob ich die volle Milchkanne und haute sie ihr auf den Kopf. Die Ärmste, die von oben bis unten von Milch triefte, ließ ich einfach stehen und marschierte schnurstracks nach Hause. Die Mutter stand gerade am Küchenherd, wo sie das Abendessen zubereitete, und der Vater saß in Erwartung seines Essens bereits am Tisch. Breitbeinig stellte ich mich zwischen den beiden auf und posaunte empört los: »So eine Gemeinheit! Stellt euch vor, beim Milchbauern ist ein rothaariges Dirndl, das hat behauptet, unser Fritz sei ihr Bruder.«

Betreten schauten sich die Eltern an. Endlich murmelte die Mutter: »Jetzt hast es.« Obwohl diese Aussage nicht für meine Ohren bestimmt war, schnappte ich sie auf. »Was hat er jetzt?«, wollte ich wissen.

Mühsam rang er, mein Vater, sich eine Erklärung ab: »Das Dirndl hat recht, der Fritz ist ihr Bruder.«

Jetzt wich meine Empörung einer gesunden Neugier.

»Der Fritz hat eine andere Mutter«, kam es nur zögernd von den Lippen meines Vaters.

Plötzlich tauchte etwas vor meinem geistigen Auge auf. Vor längerer Zeit, als ich mal in meines Vaters Sachen gestöbert hatte, war mir ein Impfschein in die Hände gefallen mit dem Namen Fritz N. Damals hatte ich mir keinen Reim darauf machen können. Nun fing die Sache an, einen Sinn zu ergeben. Für den Moment gab ich mich zufrieden. In den nächsten Tagen jedoch löcherte ich meinen Vater mit meinen Fragen. »Ja, ja«, wich er jedes Mal aus, »ich habe jetzt keine Zeit, aber ich erkläre dir das schon mal.«

Es vergingen Wochen. Da ergab es sich, dass ich mit dem Vater zu meinem Onkel unterwegs war, dem er beim Trockenlegen einer Wiese helfen wollte. Auf unserem Weg dorthin kamen wir an einer Weide vorbei, auf der einige Kühe nebst einem Stier friedlich grasten. Just in dem Augenblick, als wir die Höhe der Weide erreicht hatten, sprang der Stier auf eine der Kühe. Interessiert schaute ich mir das an. »Siehst du«, erklärte mir mein Vater, die Gelegenheit beim Schopf fassend. »So ist es bei den Leuten auch. Bevor ich geheiratet habe, bin ich halt mal an eine andere Frau gekommen. So hat der Fritz halt eine andere Mutter.«

Ich muss gestehen, bis dahin hatte ich mir beim Zeugungsvorgang bei Kühen nichts gedacht. Das war für mich eine ganz natürliche Sache, weil ich das als Landkind immer wieder beobachtet hatte. Es war mir völlig klar gewesen, dass die Kuh zum Stier muss, damit es Kälber gibt. Aber nie hatte ich eine Parallele zum Menschen gezogen. Nach der sehr plastischen Aussage meines Vaters bekam mein Wissen eine ganz andere Dimension. Plötzlich stand auch das Bild vor mir, wie meine Mutter mich gemeinsam mit meinem kleinen Bruder gebadet hatte. Mir war wohl aufgefallen, dass er unten herum anders gebaut war als ich. Dem hatte ich jedoch keine Bedeutung beigemessen. Nun kam mir die Erleuchtung: Ah – so geht die Geschichte!

In diesem Zusammenhang kam bei mir noch eine andere Begebenheit hoch, die sich einige Wochen zuvor ereignet hatte. Ich war mit dem Radl unterwegs gewesen und dabei über eine Unebenheit gefahren. Dabei war ich vom Sitz heruntergerutscht und unsanft im Schritt auf das Kettenrad aufgeschlagen. Zu Hause hatte ich dann Blut in meiner Unterhose entdeckt und nichts anderes gedacht, als dass ich mich bei dem kleinen Unfall verletzt hätte. Hilfe suchend war ich damit zu meiner Mutter geeilt. Die erfasste aber sogleich die Situation und beruhigte mich: »Nein, nein, davon kommt das nicht. Das ist halt bei den Weiberleuten so. Das kommt jetzt alle vier Wochen. Nur ein bisserl früh fängt das bei dir an. Das eine sag ich dir, mit einem Mann darfst dich jetzt nicht einlassen!«

Aber wieso und warum, das hat sie mir nicht erklärt. Erst als die Sache mit dem Stier passierte, kam mir eine Ahnung davon, dass da ein Zusammenhang mit dem Werden neuen Lebens bestehen musste. Das ist meine ganze Aufklärung gewesen.

Mit dieser Stiergeschichte gab ich mich natürlich nicht zufrieden. Aber ich bewies Geduld. Irgendwann würde schon noch mehr Information auf mich zukommen.

In der Zwischenzeit gibt es einiges aus meiner Schulzeit zu berichten. Bei meiner Einschulung hat mich die Lehrerin gleich zu den Buben gesetzt. Ob die mir mein wildes Temperament sofort angesehen hat oder ob mir mein Ruf schon vorausgeeilt war, weiß ich nicht. Jedenfalls saß ich von der ersten bis zur siebten Klasse immer bei den Buben, damit ich mit den Mädchen nicht ratschen konnte. So ratschte ich halt mit den Buben.

In der sechsten Klasse kam Tonio, ein junger Italiener, zu uns, um Deutsch zu lernen. Sofort setzte mich die Lehrerin neben ihn, in der Annahme, nun sei Schluss mit der Ratscherei. Nach einer Woche konnte ich zwar kein Wort Italienisch, aber Tonio konnte Bayerisch, und das Ratschen ging munter weiter.

In der siebten Klasse hatten wir einen Lehrer, und ich saß noch immer neben einem Buben. Dann trat ein Ereignis ein, das ihn veranlasste, mich zu den Mädchen zu setzen. Es war damals noch Sitte, dass man aufstand, wenn der Lehrer einen aufrief. Eines Tages, als ich mich danach wieder setzen wollte, hatte mein Nachbar seine Hand so auf meinem Stuhl liegen, dass er mich unzüchtig berührte. Nachdem das ein zweites und ein drittes Mal passiert war, wurde ich so narrisch, dass ich dem Mitschüler mit meinem Handrücken eine solche schmierte, dass es nur so klatschte. Der Lehrer fragte mich nicht, wieso und warum, er sagte lediglich: »Lenerl, setz dich rüber zu den Mädchen, da ist ein Platz frei.«

Mein letztes halbes Schuljahr habe ich also bei

den Mädchen verbracht. Offensichtlich hatte der Lehrer begriffen, dass da etwas war, was nicht hätte sein sollen.

Bei uns betrug die Schulpflicht damals nur sieben Jahre. Aber gerade als meine Entlassung anstand, hätte man ein achtes Jahr freiwillig anhängen dürfen. Nach der Absolvierung dieses Zusatzjahres hätte man auf die Lehrerinnenbildungsanstalt gehen können. Dazu riet mir mein Lehrer dringend, denn ich hatte, obwohl ich so ein Wildfang war, das beste Zeugnis der ganzen Klasse. Es enthielt acht Einser und vier Zweier, sonst nichts.

Den empfohlenen Weg hätte ich sehr gerne eingeschlagen, aber hier schoss mein Vater quer. In dieser Angelegenheit sprach der Lehrer mehrmals mit meinem Vater und legte ihm dar, wie wichtig ein guter Beruf auch für Mädchen sei und dass man eine solche Begabung nicht brach liegen lassen solle.

»Nein«, erklärte der Vater kategorisch, »das will ich nicht. Ich habe eine kranke Frau und ewig zerrissene Hosen, da sehe ich nicht ein, dass die einzige Tochter hochnäsig in der Schule hockt und für die Arbeit zu Hause nicht mehr zu haben ist. Das kommt für mich nicht infrage.«

Also musste ich nach sieben Jahren schweren

Herzens die Schule verlassen und den Haushalt machen. Nebenher besuchte ich die ländliche Berufsschule, was Pflicht war. Auch dort hatte ich nur Einser und Zweier. Mittlerweile war der Zweite Weltkrieg ausgebrochen, und ich wurde nach zwei Jahren dienstverpflichtet. Nach Willen der Obrigkeit hätte ich auf eine Alm gehen sollen, wo ich meine Tage mutterseelenallein in einer Sennhütte verbracht hätte. Mein Vater wusste, dass der Verwalter dieser Alm ein Weiberheld war, deshalb legte er sein Veto ein: »Da kommst du mir nicht rauf! Nur über meine Leiche!«

Zufällig suchte man auf der Post jemanden für den Zustelldienst. Wie das Schicksal es wollte, fragte der Postmeister bei meinem Vater an, ob er mich nicht dafür bekommen könne. »Gut«, willigte der Vater ein, »wenn sie eh schon aus dem Haus muss und bei fremden Menschen arbeiten soll, dann ist mir die Post schon recht.«

So wurde ich halt die »Christl von der Post«. Der Ort war in Bezirke aufgeteilt, und mir, als der Jüngsten, schob man den Bezirk zu, in dem die Zustellung am schwierigsten war. Es ging nämlich bergauf und bergab, und die Häuser lagen weit auseinander. Täglich musste ich diesen Weg bewältigen, und das mit dem schweren

Gepäck. Es waren ja nicht nur Briefe auszutragen, sondern auch alle Päckchen. Meine Posttasche habe ich oft gewogen; fünfundsiebzig Kilo brachte ich einmal auf die Waage! Zu der Zeit hatte ich bereits ein Radl und konnte die Tasche hintendrauf tun. Aber noch bevor ich das Rad hatte, musste ich nahezu ebensolche Lasten schleppen, mit gerade mal sechzehn Jahren! Und das nicht nur bei jeder Sommerhitze, sondern auch im Winter, bei Eis und Schnee und Kälte.

In dem strengen Winter von 1941 auf '42 habe ich mir sogar das Gesicht erfroren. Da habe ich das ganze Gesicht voller Blasen gehabt. Die Folgen davon bekam ich noch fünf Jahre lang zu spüren. Immer, wenn die Märzsonne schien, ist mir die Gesichtshaut aufgebrochen. Dass ich heute Hautkrebs im Gesicht habe, ist möglicherweise darauf zurückzuführen. Zum Glück ist es kein bösartiger Krebs. Es bilden sich immer wieder kleine Huckel, die wie Warzen aussehen. Die werden abgeschabt, dann ist es für eine Weile gut. Am schlimmsten war es immer auf der Nase. Das hat sehr wehgetan. Nach so einer Abschabung hat die Nase mal so wenig Haut gehabt, dass die Ärztin die Reste nur mit Mühe zusammenziehen konnte. Es ist aber alles gut verheilt.

Inzwischen waren viele Jahre vergangen, ich war längst erwachsen, da hatte mein Vater mal eine gute Stunde und gab mir endlich die schuldige Aufklärung in Sachen seines Sohnes Fritz: »Ja, weißt, Dirndl«, begann er behutsam, »mit der Mutter vom Fritz war ich eine Weile befreundet gewesen. Dann passierte halt das Malheur, dass sie in anderen Umständen war. Sicher hatte sie darauf gehofft, ich würde sie heiraten. Aber ich mochte nicht. Sie war nicht mein Typ. Wir hätten uns bestimmt nicht vertragen.«

Seine Mutter, erzählte er weiter, hatte zu der Zeit noch als Verkäuferin in unserem Bäckerladen gearbeitet. Dieser Laden war die reinste Nachrichtenbörse. Dort wurde geratscht und getratscht, und sie bekam alles mit, was im Dorf geschah. Sie wusste deshalb immer über alles und jeden Bescheid. Dass aber ihr jüngster Sohn Vater eines ledigen Kinds würde, war ihr dennoch entgangen. Sie hatte noch nicht mal was von der Geburt des Kindes erfahren, als kurz nach der Geburt eine Kindstauftorte bei ihr bestellt wurde. Völlig ahnungslos fragte sie: »Ja, wer wird denn getauft?«

»Ja, der Fritzei«, antwortete die angehende Patin unbefangen. Noch immer arglos, wollte seine Mutter wissen: »Ja – und von wem ist der Fritzei?« Da fiel die werdende Patin fast in Ohnmacht und verließ unter einem Vorwand fluchtartig den Laden, denn da die Großmutter offensichtlich nichts von der Existenz ihres Enkelkindes wusste, sah die Patin des Kleinen sich nicht befugt, ihr die Augen zu öffnen.

»Stattdessen kam sie zu mir mit der Aufforderung: ›Sag du das deiner Mutter selbst, ich sag ihr das nicht‹«, erzählte mein Vater. »Mir blieb also nichts anderes übrig, als mit einem sehr mulmigen Gefühl im Bauch zu meiner Mutter zu gehen und eine Beichte abzulegen. Sie fiel aus allen Wolken. Dann ergoss sich ihr ganzer Zorn über mein Haupt. Dabei war es weniger die Tatsache, dass ich für ein lediges Kind verantwortlich war, die sie so erzürnte, als vielmehr die Tatsache, dass ausgerechnet ihr, der sonst kein Geheimnis verborgen blieb, entgangen war, was in der eigenen Familie vorging.«

Die Kindsmutter arbeitete als Magd im Hause des Bürgermeisters. Da sie nicht wusste, wo sie das Kind unterbringen sollte, erlaubten ihr die Bürgermeistersleute, dass sie den kleinen Fritz mitbringe. So ging das zwei Jahre, bis sich die Großmutter entschloss, ihn zu sich zu nehmen. Sie wollte nicht, dass er bei fremden Leuten aufwuchs.

Mein Vater war so ins Erzählen gekommen, dass er gleich mit einer weiteren Geschichte fortfuhr, von der ich ebenfalls nichts geahnt hatte.

Er war sehr erleichtert gewesen, dem ganzen Schlamassel zu entkommen, als 1912 seine Einberufung zum Militär erfolgte. Leichten Herzens zog er nach München und kam immer nur mal auf Urlaub nach Hause. Zwei Jahre später brach aber der unselige Krieg aus, weil der österreichische Thronfolger mit seiner Frau in Sarajewo ermordet worden war. Deshalb kam er gleich von der Kaserne an die Front nach Frankreich. Zweimal bekam er während des Kriegs – wie bereits erwähnt – einen Kopfschuss. Der erste war 1915, der zweite war 1917. Beide Male lag er für Monate im Lazarett zu München.

»Beim ersten Mal, als ich dort lag, habe ich nicht nur vom Prinzregenten Luitpold persönlich das EK 2 (Eiserne Kreuz) überreicht bekommen, sondern ich habe auch noch eine nette Person namens Rosi kennengelernt, die dort als Hilfsschwester tätig war«, erzählte er. »Als ich wieder an die Front musste, blieben wir in brieflichem Kontakt. Nach Kriegsende begab ich mich gleich nach München und suchte die Rosi auf.«

Rosi freute sich riesig, und da mein Vater zu

der Zeit keine Existenz hatte, bot sie ihm an, mit in das Geschäft ihrer Eltern einzusteigen. Diese bestritten ihren Lebensunterhalt dadurch, dass sie mit einem Süßigkeiten-Stand auf Dulten, also Jahrmärkte, gingen. Da gab es alles, was das Herz begehrt. Besonders gut gingen die großen und kleinen Lebkuchenherzerl mit allerlei Sprüchen drauf. Auch auf dem Oktoberfest in München waren sie regelmäßig vertreten.

»Diese Art von Geschäft war mir jedoch wegen der dauernden Herumzieherei zu unsolide und zu unseriös«, so mein Vater. »Ich dachte mir aber, wenn diese Frau unternehmungslustig und tüchtig genug ist, ihre Ware auf Jahrmärkten anzupreisen, dann kann sie das in einem sesshaften Geschäft auch. Ich machte ihr einen entsprechenden Vorschlag, auf den sie sofort einging. Sie hatte einige Ersparnisse, ich hatte einige Ersparnisse. Die warfen wir zusammen und kauften davon einen Gemüseladen. Gemüse, dachte ich, braucht man in der Stadt immer. Das Geschäft lief auch ganz gut, deshalb entschlossen wir uns bald, zusammenzuziehen. Schließlich wollten wir eh bald heiraten. Was sollte ich da unnötig Geld für eine Junggesellenbude ausgeben?«

Das muss man sich mal vorstellen, im Jahre

1919! Dass zwei Unverheiratete zusammmenleben, ist bei uns selbst in den Sechzigerjahren noch unmöglich gewesen!

Je länger mein Vater aber mit der Frau zusammenlebte, desto unsicherer wurde er, und je enger er mit ihren Familienverhältnissen vertraut wurde, desto größer wurde sein innerlicher Abstand von ihr. Denn immer, wenn es irgendwelche Streitigkeiten gab, hielt ihr Vater zu ihm statt zu ihr. Statt dass er darüber glücklich gewesen wäre, irritierte ihn das irgendwie. Je näher es auf das Hochzeitsdatum zuging, umso mulmiger wurde es ihm zumute. In der Nacht vor der Hochzeit wälzte er sich neben seiner Braut schlaflos hin und her. Immer wieder dachte er: Das geht nicht gut. Das geht nicht gut. Kurz nach Mitternacht stand sein Entschluss endgültig fest: Diese Frau kannst du nicht heiraten.

Aber er hatte sein ganzes Geld in das gemeinsame Geschäft gesteckt. Hätte er das zurückgelassen, wäre er ein ruinierter Mann gewesen. In den frühen Morgenstunden kam ihm die rettende Idee. Mit einem Satz war er aus dem Bett und setzte im Wohnzimmer ein kurzes Schreiben auf. Um halb fünf weckte er die Rosi auf, hielt ihr den Zettel unter die Nase nebst einem Kopierstift und forderte sie auf: »Hier, Rosi, unterschreib mal da!« Sie war noch ein bisserl tramhappert, also schlaftrunken, richtete sich halb auf und unterschrieb brav. Glücklich darüber, sich wieder in die Kissen zurückfallen lassen zu können, kümmerte sie sich nicht weiter um ihn. Er aber war bereits fix und fertig angezogen, um den Zug von München nach Übersee - einen Ort am Chiemsee - zu erreichen. Er steckte den Zettel in seine Jackentasche. Seine Siebensachen hatte er schon in der Reisetasche verstaut. Die packte er mit der einen Hand, und mit der anderen schnappte er ihre Klamotten, einschließlich Büstenhalter, die sie auf dem Stuhl neben ihrem Bett abgelegt hatte. Beim Hinausgehen griff er sich ihren Schlüsselbund vom Haken, schlich aus der Wohnung und schloss die Tür sorgfältig hinter sich ab. Schlüssel und Kleidungsstücke legte er im Parterre in eine Ecke, bevor er die Haustür hinter sich zuzog. So konnte die Rosi die Verfolgung vorerst nicht aufnehmen, sie kam ja nicht aus der Wohnung, und Telefon hatte sie auch noch nicht.

Der verlassenen Braut blieb nichts anderes übrig, als zu warten, bis um zehn Uhr die ersten Hochzeitsgäste die Wohnungstür aufschlossen, nachdem ihnen das Kleiderbündel nebst Schlüsselbund im Hauseingang aufgefallen war. Im

Nachthemd trat die Rosi ihnen entgegen. Bestürzt nahmen die Gäste zur Kenntnis, dass sie sich vergeblich herbemüht hatten; es würde – mangels Bräutigam – keine Hochzeit geben.

»Meinen Zug nach Übersee erreichte ich im letzten Moment«, erinnerte sich mein Vater. »Wegen der geplatzten Hochzeit haben wir, die Rosi und ich, uns aber nicht verkracht. Ich bekam mein Geld, wie sie mir das im Halbschlaf auf dem Schriftstück versichert hatte. Alles lief korrekt ab. Sie lernte bald einen anderen kennen, heiratete ihn und bekam vier Kinder. Die Jüngste von denen kennst du ja, die Burgi, das Dirndl, das in den Ferien immer bei uns war.«

An dieser Stelle unterbrach ich meinen Vater: »Ach, jetzt wird mir so einiges klar. Die Mutter von der Burgi kam doch öfters, um nach ihr zu schauen. Einmal lag sie auf der Terrasse im Liegestuhl, da setzte ich mich zu ihr. ›Mei, Lenerl‹, hat sie da geseufzt, ›ich bin ja so froh, dass dein Papa mich hat stehen lassen. Wir zwei – das hätte Mord und Totschlag gegeben.‹ Das war also die Braut, die du bei Nacht und Nebel verlassen hast?«

»Das war sie«, bestätigte mein Vater. »Und recht hat sie gehabt, mit uns zwei, das wäre nicht gut gegangen. Aber so auf Distanz haben wir uns immer gut verstanden.«

Nach einigem Besinnen fuhr der Vater mit seiner Erzählung fort: »Als ich Mitte 1919 plötzlich wieder zu Hause auftauchte, hat sich meine Mutter nicht mal gewundert. Da sie mehrere Kinder hatte, war sie an Überraschungen gewöhnt. Sie war froh, dass ich gleich wieder bei der Post unterkam und mich selbst ernähren konnte. Es dauerte nicht lange, bis ich in eine neue Liebschaft verstrickt war. Das war aber auch nicht die Richtige. So geriet ich bald darauf an deine Mutter. Den Rest weißt du ja.«

Den Rest wusste ich eigentlich gar nicht. Der Vater war jedoch nicht bereit, Weiteres aus seinem bewegten Leben preiszugeben. Deshalb klemmte ich mich in einer stillen Stunde hinter meine Mutter: »Wie war das eigentlich, als du den Papa kennengelernt hast?«

»Ja, mei«, seufzte sie. »Das war für mich eine schöne Blamasch!«

Also eine Blamage. Sie meinte aber nicht das Kennenlernen, das sei ganz normal gewesen, beim Tanz auf einem Trachtenfest. Danach gingen meine Eltern schon eine ganze Weile miteinander, und sie waren sich auch schon einig, dass sie in absehbarer Zeit heiraten wollten. Da wurden beide – unabhängig voneinander – zu einer Hochzeit eingeladen. Wie es der Brauch ist, wurde am Abend zum Tanz aufgespielt. Nachdem der Hochzeitslader zunächst das Brautpaar auf die Tanzfläche gebeten hatte und anschließend alle möglichen Gruppierungen, gab es schließlich einen Tusch und er verkündete: »Jetzt haben die Ehre zu tanzen der künftige Hochzeiter mit seiner künftigen Hochzeiterin.«

Manchmal wusste er selbst nicht, wer das sein würde. Von den Gästen wussten oder vermuteten es einige, für die meisten aber war es eine Überraschung, manchmal auch für die zukünftige Braut. Alle auf der Tanzfläche Stehenden wichen zurück und bildeten einen großen Kreis.

»Voller Glückseligkeit nahm ich wahr, dass der Fritz, mit dem ich ja schon so lange ging, sich auf der gegenüberliegenden Seite aus dem Kreis löste«, erzählte meine Mutter. »Erhobenen Hauptes löste ich mich ebenfalls aus der Runde und bewegte mich auf die Mitte des Kreises zu. Aber statt auf mich zuzukommen, bog er etwas nach rechts ab und zog aus dem Kreis eine andere hinter sich her: das Dirndl, mit dem er vor meiner Zeit gegangen war und mit dem er angeblich längst Schluss gemacht hatte. Der Boden unter meinen Füßen schien zu wanken. In dem Moment dachte ich, die Welt geht unter. Wie ich aus dem Kreis und wie ich aus dem Gasthaus gekommen bin, weiß ich nicht mehr. Ich weiß nur noch, dass ich, wie vom Teifi gehetzt, nach Hause rannte, mich auf mein Bett warf und vor Wut und Enttäuschung weinte.«

Mit der aufgeflackerten Liebe zu seiner Ex hat es aber wohl nicht so hingehauen. Fast ein Jahr später machte mein Vater meiner Mutter dann doch einen Heiratsantrag.

»Wieso mit der anderen Schluss ist, danach habe ich ihn nie gefragt«, winkte meine Mutter ab. »Für mich zählte nur, dass der Hochzeitstermin auf bald festgelegt wurde.«

Damals war es Sitte, dass die Hochzeitsfeier in einem Gasthaus stattfand. Der Hochzeiter pflegte als Erster einzutreffen und geduldig zu warten, bis die Hochzeiterin mit ihren Eltern in der Kutsche vorfuhr. Meiner Mutter aber saß der Schock vom Jahr zuvor noch so tief in den Knochen, dass sie sagte: »Nichts da. Ich komme nicht. Wenn du es wirklich ernst meinst mit der Heirat, holst du mich zu Hause ab. Ansonsten hast mich gesehen.« Er holte sie tatsächlich von zu Hause ab, gegen jeden Brauch.

Im Jahre 1921 haben meine Eltern geheiratet und den Fritz adoptiert. Der Bub bekam den Familiennamen seines Vaters und wurde für ehelich erklärt. Ab da lebte er endlich in einer richtigen Familie, und ich habe von klein auf in ihm meinen Bruder gesehen und war sehr stolz auf ihn. Er war nämlich nicht nur ein hübscher Kerl, ich fand ihn auch sehr gescheit, da er so viel älter war als ich. Dadurch war er für mich immer etwas Besonderes, zumal er mich auch manchmal mitgenommen und mich beschützt hat.

Auch über Leneis jüngere Tochter, die Kreszenz, gibt es eine zuverlässige Quelle, nämlich ihren Sohn Thomas.

Thomas Lehrberger erzählt:

Meine Mutter Kreszenz Schlechter, im Jahre 1900 im Schneiderhäusl zu Oberbichl geboren und daselbst aufgewachsen, musste schon mit dreizehn Jahren als Magd zu einem Bauern. Im Jahre 1924 lernte sie den Postbeamten Josef Lehrberger kennen, den sie 1925 heiratete. Sie passten in jeder Hinsicht gut zusammen: Beide waren sehr fleißig und sehr musikliebend. Bei ihr äußerte sich das darin, dass sie bei jeder Gelegenheit sang, wie sie das wohl von ihrer Mutter abgeschaut hatte. Mein Vater war Mitglied im Männergesangverein, kurz MGV genannt, und in der Musikkapelle, deren Musikmeister – wie man den Dirigenten nannte – er für einige Jahre war. Privat spielte er Schlagzeug und machte mit einigen Freunden zusammen immer wieder Tanzmusik. Ich war also von beiden Seiten »erblich belastet«. Kein Wunder, dass damit mein Lebensweg vorgezeichnet war. Aber ich will der Reihe nach berichten.

Im Jahre 1925 wurde meinen Eltern ein Sohn geboren, der nach dem stolzen Vater Josef genannt wurde. Josef hatte das Pech, 1944 eingezogen zu werden und noch im selben Jahr in Russland zu fallen. Ein Jahr nach Josef wurde unsere Schwester Zenzi geboren. Sie muss ein sehr gescheites Mädchen gewesen sein, denn ihr Lehrer bekniete meine Eltern, Zenzi studieren zu lassen. Der Vater hatte einige Bedenken: ›Wie soll das gehen, wo wir doch so weit weg wohnen von jeder höheren Schule? Woher soll ich das Geld nehmen?‹ Doch der Lehrer verstand es, sämtliche Bedenken wegzuwischen. Er versicherte, er werde sich um alles kümmern, um ein Stipendium, um die richtige Schule, um ein geeignetes Internat. Er setzte sich tatsächlich voll ein, und so wurde aus Zenzi eine Lehrerin.

Die nächste in der Geschwisterreihe war Berta, geboren 1930, sie wurde Köchin. Sie starb im Alter von dreiundachtzig Jahren.

Johanna, 1932 geboren, lernte ich erst gar nicht mehr bewusst kennen. Sie starb bereits im zarten Alter von vier Jahren an Tb. Ich selbst bin 1934 zur Welt gekommen. Von meinem Werdegang spreche ich später. Zunächst möchte ich noch den jüngsten Spross der Familie Lehrberger erwähnen, Andreas.

Er wurde im Kriegsjahr 1939 geboren. Vermutlich war es dieses spät geborene Kind, das meine Eltern einige Jahre später über den Verlust des ältesten Sohnes hinwegtröstete. Er wurde leider nur dreiundsechzig Jahre alt. Plötzlicher Herztod.

Nun zu meiner Wenigkeit. Mein Glück war meine »späte« Geburt. Dadurch blieb ich vom Kriegsdienst verschont.

Wie alle kleinen Buben war ich ein rechter Lausbub, der den Eltern mit seinen Streichen so manchen Kummer bereitete. Worüber sie sich aber sehr freuten, war, dass ich gerne sang. Auch meinem Schulleiter, der zudem den Kirchenchor leitete, war meine schöne Stimme aufgefallen. Deshalb empfahl er mir, im Kirchenchor mitzusingen. Als ich siebzehn war, schickte er mich zusätzlich zum MGV, den er ebenfalls leitete, mit den Worten: »Ich brauche einen guten Tenor.«

Da auch mein Vater schon lange dafür war,

trat ich dem MGV endlich bei. Dort wurde der Kammersänger Martin Kremer, der seit einigen Jahren seinen Wohnsitz in Reit im Winkl hatte, auf mich aufmerksam. Der schickte mich zu der Konzertpianistin Hilde Stumbeck, die ebenfalls in Reit im Winkl ansässig war. Diese war befreundet mit Frau Professor Mühlbauer, einer ehemaligen Studienkollegin, die in München lebte. Zu ihr, die mittlerweile eine namhafte Gesangspädagogin war, sagte Frau Stumbeck: »Hör dir den Burschen mal an.«

Das tat sie auch. Dann schlug sie vor, ich solle in München im Konservatorium Unterricht nehmen. Dort begann ich 1955. Die Gesangsstunden bezahlte Martin Kremer.

Vielleicht sollte ich auch noch erwähnen, dass ich nach meiner Schulentlassung auf Wunsch meines Vaters eine Ausbildung bei der Post begonnen hatte, weil er das für eine gute und sichere Sache hielt. Nach meiner Lehrzeit arbeitete ich einige Jahre als Briefträger in meinem Heimatort. Als der vormalige Zusteller endlich aus der Kriegsgefangenschaft zurückkehrte, nahm der seine alte Stelle wieder ein. Deshalb wurde ich nach München versetzt. Der dortige Postmeister sagte mir einen bestimmten Bezirk zu mit der Auflage, dass ich in den Postdirektionschor eintrete. Demnach hatte ihm der Postmeister meines Heimatortes den Wink gegeben, dass ich eine gute Stimme habe.

Einmal in der Woche besuchte ich die Probe, was mir sehr viel Spaß machte, und im Übrigen versah ich gewissenhaft meinen Dienst. Die meisten Häuser hatten damals schon Hausbriefkästen. Nur wenn ein Einschreiben zuzustellen war, musste ich schon mal einige Treppen steigen.

Die Post fürs Gärtnerplatztheater gab ich normalerweise beim Pförtner ab. Einmal aber hatte ich einen Einschreibebrief, den musste ich in den ersten Stock zur Chefsekretärin des Intendanten bringen. Ohne jegliche Einleitung sagte diese zu mir: »Ich habe gehört, Briefträger können so schön singen. Für unseren Chor suchen wir einen Tenor.«

Weil ich das Ganze für einen Scherz hielt, antwortete ich keck: »Und was zahlt ihr?«

Ohne mit der Wimper zu zucken, nannte sie eine Zahl, die doppelt so hoch war wie mein Postlergehalt. Ich schluckte. »Meinen Sie das im Ernst?«

»Freilich meine ich das im Ernst. Kommen Sie heute Nachmittag, wenn Ihr Dienst zu Ende ist, zum Vorsingen.«

Ich war pünktlich zur Stelle. Sie führte mich in

den Chorsaal, wo kurz darauf kein Geringerer eintrat als der Chordirektor. Ich sang ihm einige Lieder vor, die er auf dem Piano begleitete. Er verzog keine Miene. ›Das war wohl nichts‹, dachte ich. Ohne ein Wort zu verlieren, steuerte er auf die Türe zu. Ehe er sie aber aufriss, wandte er sich um und rief mir zu: »Bleib stehen! Nicht weglaufen!« Schon war er verschwunden. Wenig später kehrte er mit zwei Herren zurück. Sie nahmen erwartungsvoll auf den bereitstehenden Stühlen Platz. Einer von ihnen bat mich, eine Arie aus einer Oper vorzusingen. Ich wählte »Himmel und Meer« aus »La Gioconda«. Anschließend baten sie mich, einen Moment vor der Tür zu warten.

Nachdem mich der Chordirektor wieder hineingerufen hatte, erklärte mir einer der anderen Herren kurz und bündig: »Wir nehmen Sie.« Der andere fügte hinzu: »Wann können Sie anfangen?«

Ich erklärte ihnen, dass ich bei der Post meine Kündigungsfrist einhalten müsse. »Hinterlassen Sie bei der Sekretärin Ihre Personalien, und kündigen Sie heute noch.« Schon waren die beiden verschwunden. Von der Sekretärin erfuhr ich dann, dass der Mann, der mich engagiert hatte, der Generalmusikdirektor, kurz GMD, gewesen sei und der andere der Intendant.

Ziemlich aufgeregt rief ich bei meiner Professorin an, um ihr die umwerfende Neuigkeit mitzuteilen. Aber die wusste das schon.

Drei Dinge waren in jener Zeit wichtig für mich: mein Beruf, der Gesang und das Fußballspielen. Das war bereits in meinem Heimatdorf so gewesen, und bei meiner Übersiedlung nach München war ich gleich in einen Fußballverein eingetreten. Nun sagte meine Gesangslehrerin: »Alles zusammen geht nicht. Entweder Briefträger oder Fußball oder Singen – und Sie singen!«

Also meldete ich mich beim Fußballverein wieder ab und kündigte bei der Post zum nächstmöglichen Termin.

Bei meinem nächsten Besuch im Elternhaus berichtete ich meinen Eltern von meinem Erfolg. Meine Mutter zeigte sich sehr stolz über diese Entwicklung. Der Vater aber äußerte größte Bedenken. »Bub«, sagte er. »Singen ist ja ganz schön als Freizeitbeschäftigung. Aber als Beruf? Wie leichtsinnig von dir, bei der Post zu kündigen! Man gibt doch eine sichere Beamtenstelle nicht auf!«

Mein Gegenargument war: »Beim Theater verdiene ich das Doppelte.«

Das überzeugte meinen Vater nur halbwegs. Meiner Mutter gelang es dann in der Folgezeit, weitere Überzeugungsarbeit zu leisten. Den Rest von Überzeugung erlangte er erst, als er mich zum ersten Mal auf der Bühne in Mainz und in Freiburg bewundern konnte. In der Zwischenzeit hatte sich nämlich einiges ereignet. Nachdem ich fast ein Jahr lang im Chor des Gärtnerplatztheaters gesungen hatte – zwischendurch nahm ich immer wieder Unterricht –, sagte meine Professorin zu mir: »Du versauerst in dem Chor. In dir steckt mehr drin. Dein Talent sollte man nicht verkümmern lassen. Du kannst, du musst weiterkommen!«

Weil ich keine Ahnung hatte, wie das läuft, ließ ich ihr freie Hand. Kurze Zeit darauf meldete sich ein Agent bei mir. Er erklärte mir, dass man in Ulm einen lyrischen Tenor suche. Also fuhr ich nach Ulm, sang vor und bekam prompt meine erste Stelle als Solist. Nach einem Jahr vermittelte mich der Agent nach Mainz. Von den vielen Tenören, die vorsangen, wählten sie mich aus. Drei Jahre blieb ich in Mainz. Dann ging ich für ein Jahr nach Freiburg und von dort nach Mannheim, wo ich vierundzwanzig Jahre blieb. Es ist sehr ungewöhnlich, dass man einen Opernsänger so lange behält. Das spricht dafür, dass ich gut gewesen sein muss. Die Mannheimer Zeit war eine sehr interessante für mich. Von dort aus kam ich viel herum. Es kommt nämlich immer wieder mal vor, dass ein Opernhaus eine Aushilfe braucht für einen erkrankten Solisten. Immer wenn ein Theater einen Tenor brauchte für ein bestimmtes Stück, wandte es sich an meinen Agenten, der ja mein ganzes Repertoire kannte. Dadurch kam ich nicht nur zu Auftritten auf zahlreichen anderen Bühnen, sondern auch in viele namhafte Opernhäuser in Italien, in Österreich, in der Schweiz und in Frankreich, ja ich sang sogar in der Oper von Paris.

Die letzten Tage der Dienstmagd Lisei

Anfang Januar 1941 erschien die Lisei nicht zum Frühstück. Man fand sie matt und hochfiebrig in ihrem Bett vor, sodass man sich genötigt sah, den Arzt kommen zu lassen. Der diagnostizierte eine Pleuritis. Damit wussten die Bauersleute nichts anzufangen. Deshalb übersetzte er es mit Lungenfellentzündung. Er ließ durchblicken, dass er dagegen machtlos sei, da helfe nur noch beten.

Am 11. Januar schloss die treue Magd für immer die Augen.

Was Lisei zu Lebzeiten nicht geschafft hatte, gelang durch ihren Tod: Zum ersten Mal waren alle ihre sechs Kinder vereinigt – am Grab der Mutter.

Daher gab es bei der anschließenden Zehrung im Wirtshaus ein großes Beschnuppern und Erzählen. Bei dieser Gelegenheit erfuhr jeder über jeden etwas, und es wurden Adressen ausgetauscht. Man nahm sich vor, in Zukunft Kontakt untereinander zu pflegen. Aber wie das so geht, vor lauter Alltagsproblemen vergisst man es und sieht sich womöglich erst bei der nächsten Beerdigung wieder.

Schlusswort

Seit die beiden Schwestern Sanni und Hanni geheiratet haben, sind fünfundsechzig Jahre vergangen. Als die beiden in der Nachkriegszeit ihren Liebsten das Jawort gaben, hätte niemand geglaubt, dass beide Schwestern noch ihre Eiserne Hochzeit erleben würden, vor allem, dass auch ihre Ehemänner so lange durchhalten würden. Sanni feierte ihre Eiserne im Oktober 2013 und Hanni im Februar 2014, beide Paare in erstaunlich geistiger und körperlicher Frische.

Natürlich wurde bei den Festen auch in Dankbarkeit der beiden tapferen Ahninnen gedacht, der beiden Dienstmägde Elisabeth und Lisei, also Großmutter und Urgroßmutter, denen sie letztlich ihr Leben verdanken.

Roswitha Gruber

Weitere Titel von Roswitha Gruber:

Sieben Töchter und ein Bauernhof

Aus dem Leben einer Bäuerin

336 Seiten, Taschenbuch, ISBN 978-3-7655-4386-9

Selbst ein Großfamilienkind, bekommt Liesi mit ihrer großen Liebe Hans ab den 1950er-Jahren Tochter um Tochter; der erhoffte Stammhalter bleibt aus. Dennoch sind Liesi und Hans glücklich und erleben neben aller harten Arbeit auf dem Einödhof durch alle Jahrzehnte hindurch Gottes gute Gnade. Bewegend und authentisch.

Sommererde

Eine Kindheit als Magd

304 Seiten, Taschenbuch, ISBN 978-3-7655-4380-7

Maria, Tochter eines armen Bergbauern, hat es nicht leicht im Leben. Als die Familie wächst, muss sie schweren Herzens ihre beiden Zwillingstöchter als Mägde fortgeben. Eine harte Zeit beginnt für die beiden Mädchen, doch es gibt auch schöne Momente … eine lebendige und wahre Lebensgeschichte.

BRUNNEN VERLAG GIESSEN

www.brunnen-verlag.de